L'Après-fordisme

Directeurs de collection : Denis Clerc
Dominique Sicot

Maquette de couverture : Didier Thimonier

Cet ouvrage n'aurait pu exister sans le Colloque international de l'université de Rouen (23-24 janvier 1992), intitulé « Réalités et fictions d'un nouveau modèle productif », dont les actes ont été publiés en 1993 par Jean-Pierre Durand chez le même éditeur, sous le titre Vers un nouveau modèle productif ? *(collection Alternatives économiques, essais).*

© Syros, 1993
9 *bis,* rue Abel-Hovelacque
75013 Paris
Tél. (1) 44 08 83 80
ISBN : 2 86738 884. 8

Dans la même collection

Série Essais

Le Mirage de la croissance (La Politique de la gauche, t. 1),
Michel Beaud.
Le Grand Écart (La Politique de la gauche, t. 2),
Michel Beaud.
L'Avenir a changé, Jacques Belleville.
Nord-Sud : les enjeux du développement, Philippe Norel.
Politique agricole et relations internationales,
Jean-Christophe Kroll.
L'Épreuve américaine : les États-Unis et le libéralisme,
Jean Pisani-Ferry.
Les Banques face aux pays endettés, Philippe Norel.
Tiers monde : la fin des idées reçues, Michel Chauvin.
Les Entrepreneurs africains, Olivier Vallée.
Dictionnaire des idées reçues en économie,
sous la direction de Dominique Sicot.
Les Exclus face à l'emploi, Simon Wuhl.
Vers un nouveau système productif ? sous la direction de
Jean-Pierre Durand.
Réduire le temps de travail, Jean Rigaudiat.

Série Poche

1. *La Crise*, Denis Clerc, Alain Lipietz
   et Joël Satre-Buisson (3e édition).
2. *La Faim pourquoi…?*, François de Ravignan (2e éd.).
3. *Les Trous du commerce extérieur*, Jacky Chatelain.
4. *L'Aide alimentaire*, association Solagral.
5. *La Crise de l'agriculture industrielle*, Yves Chavagne
   (2e édition).
6. *L'Inflation*, Denis Clerc.
7. *Comprendre l'économie soviétique*,
   Christine Durand et Philippe Frémeaux.
8. *Un adieu aux arbres*, Jean-Roger Mercier.
9. *Les Entreprises alternatives*, Philippe Outrequin,
   Anne Potier, Patrice Sauvage.
10. *Les Inégalités*, Denis Clerc, Bernard Chaouat.
11. *Les Banques dans l'économie*, Dominique Perrut.

12. *L'Emploi : un choix de société*, Guy Roustang.
13. *L'Enjeu alimentaire Nord-Sud*, Bertrand Delpeuch.
14. *L'Endettement du tiers monde*, Philippe Norel, Éric Saint-Alary.
15. *Les Services contre le chômage*, Michel Gaspard.
16. *Les Ventes d'armes*, Jean-Paul Hébert.
17. *Les Désordres financiers*, Denis Clerc.
18. *Les Excédents laitiers et le tiers monde*, Jean Garreau, Danilo Frado-Garcia, Christophe Roman.
19. *Le Sucre : le Nord contre le Sud ?*, Anne-Sophie Boisgallais, Charles Condamines.
20. *Nouvelle croissance et emploi*, Pierre Héritier.
21. *Crises et tiers monde*, Philippe Norel.
22. *L'Énergie dans l'économie*, Pierre Radanne, Louis Puiseux.
23. *Où va la protection sociale ?*, Isabelle Chapellière.
24. *Le Développement local : mode ou modèle ?*, Bernard Pecqueur.
25. *Inflation et croissance*, Denis Clerc.
26. *La Distribution*, Dominique Sicot, Alexandre Vatimbella.
27. *Les Industrialisations du tiers monde*, Claude Courlet.
28. *Agriculture : changer de politique*, Jean-Christophe Kroll.
29. *Déchiffrer l'économie*, Denis Clerc (10e édition, remise à jour).
30. *Déchiffrer la démographie*, Michel-Louis Lévy.
31. *L'Allemagne réunifiée*, Corinne Bouchoux.
32. *Le Capitalisme vert*, Alexandre Vatimbella.
33. *La Construction européenne*, Philippe Laurette.
34. *Santé et économie*, Alexandre Vatimbella
35. *L'Après-fordisme*, Robert Boyer, Jean-Pierre Durand.

Sommaire

Première partie : Comment émerge un nouveau système productif ? par Robert Boyer 7

1. Un modèle productif comme réseau d'interdépendances 11
   Principes de gestion, organisation et rapport salarial 11
   Un système structurellement stable 14

2. Approfondissement et succès comme source de crise 15
   Rationaliser devient contre-productif 16
   L'organisation fordienne en porte à faux 18
   Le rapport salarial rend les ajustements difficiles 23

3. Mort d'un système et émergence d'un autre ? 25
   L'ampleur des chocs macro-économiques dissimule la crise du modèle productif 26
   Exportation du fordisme : une solution en trompe l'œil 28
   La flexibilité salariale, une alternative partielle 30
   La reconnaissance tardive du rôle de l'organisation 32

4. Les années quatre-vingt-dix : le nouveau paradigme productif 35
   Une solution aux limites du fordisme 37
   Cohérence et viabilité des nouveaux principes 38
   Des résultats supérieurs dans un contexte de forte incertitude et d'innovations 40
   Une large applicabilité, de l'industrie aux services modernes 45

5. Principes communs et diversités nationales 49
   Marché ou État ? Le dilemme de la coordination 49
   Les nouveaux principes productifs appellent des interventions publiques originales 51

États-Unis et France... ou le charme discret de la nostalgie fordiste	58
Originalité des modèles allemand et suédois	66

6. Toyotisme et uddevallisme ne sont pas la fin de l'histoire !.. 72
    Une difficile transition d'un système à un autre......... 72
    Aucun déterminisme de la meilleure organisation...... 74
    Quatre stratégies en vue d'adhérer aux nouveaux principes productifs............................. 75
    Les prémices de la crise de la production de masse flexible... 78

Seconde partie : Mutations, résistances et significations, par Jean-Pierre Durand......................... 81

1. Crise de la régulation et traitement partiel du problème 83
    La crise du paradigme sociotechnique fordien 83
    Les réformes possibles et la réalité du changement ... 88

2. Vers des changements organisationnels ? 91
    Transformations par la demande ou par l'offre ? 91
    Cinq composantes du paradigme productif 93
    Des transformations interprétées positivement 99

3. Ambivalence des changements et résistances 112
    Les usines Ford sont-elles devenues postfordiennes ?...113
    Les fausses réalités du changement productif 123
    Des techniques structurant la division du travail 141

4. De quelques significations du changement 147
    Spécificités nationales et voie française......................147
    Du toyotisme au nipponisme 151
    L'importation du nipponisme 164

    Conclusion : Continuité globale et bouleversements locaux...............170

    Bibliographie générale...173

Comment émerge un nouveau système productif ?

1.

Comment émerge un nouveau système productif ? D'un processus contradictoire et incertain, et donc difficilement. Pourquoi ? Il est dans la nature de tout système productif de créer et de maintenir des complémentarités entre l'organisation interne des firmes, les formes de la concurrence, la nature des relations industrielles, le système éducatif, sans oublier la régulation macro-économique. En conséquence, un système qui était viable et cohérent dans un ancien paradigme, rencontre par hypothèse des difficultés considérables à évoluer en direction de nouveaux principes. Cette proposition s'applique tout particulièrement à la transition du fordisme au toyotisme… ou encore à l'uddevallisme, car les principes industriels ne déterminent jamais complètement l'organisation productive qui dépend de l'insertion dans le réseau des relations que tissent chaque économie et société.

L'approche de cette partie est tout à la fois théorique et historique. Dans un premier temps, la notion de modèle productif est définie comme complémentarité et cohérence entre principes de gestion, organisation interne de la firme et rapport salarial. De cette définition, il résulte qu'une fois établi, un système productif est structurellement stable, bloquant ainsi des innovations porteuses d'un système supérieur mais incompatibles avec les formes de coordination propres à l'ancien système. Pourtant, l'histoire montre que diverses configurations du système productif se sont succédé depuis la première révolution industrielle. Non seulement la variation de l'environnement économique national et international est susceptible d'expliquer la transition d'un système à un autre, mais encore la dynamique même impulsée par un paradigme productif fait émerger des tendances qui, à long terme, déstabilisent les bases de ce paradigme. Prenant l'exemple du fordisme, on peut donner un sens précis à cette notion de crise structurelle de l'ensemble que constituent principes de gestion, organisation des firmes et rapport salarial.

Si la déstabilisation d'un régime peut être largement endogène, ce n'est que rarement le cas pour l'émergence d'un régime alternatif. On peut en effet montrer que la crise du fordisme en tant que système productif a été dissimulée tout au long des années soixante-dix et quatre-vingt, car les analystes ont privilégié des analyses partielles mettant en avant l'influence de chocs exogènes et non pas la perte de cohérence structurelle. Au début des années quatre-vingt-dix, le basculement des principes productifs est beaucoup plus largement reconnu au point de faire l'objet d'un quasi-consensus. Il devient donc d'autant plus nécessaire de démontrer qu'il ne s'agit pas d'un effet de mode, mais bien d'un changement de longue portée se déroulant à l'horizon de plusieurs décennies. En effet, les nouveaux principes sont susceptibles d'enrayer les déséquilibres hérités du fordisme. Ils peuvent s'incarner dans des organisations plus résistantes aux aléas et capables d'absorber un flot accru d'innovations. De plus, l'application du nouveau paradigme dépasse largement les industries de montage pour concerner une grande variété de secteurs dont les services modernes.

Ce nouveau paradigme définit-il un seul système productif optimal, dans la lignée de la *one best way* taylorienne ? Il est courant d'apporter une réponse positive et de supposer que l'organisation japonaise s'imposera à terme comme l'alternative à l'organisation fordienne. Ce pronostic est pourtant contestable puisqu'il oublie la complexité des procédures de coordination qui sont nécessaires à l'établissement d'un système productif : elles se doivent d'emprunter aux traditions nationales, à la configuration du système éducatif, au rôle de l'État, sans oublier l'insertion internationale et le mode de régulation en vigueur. Dans ces conditions, des trajectoires nationales contrastées peuvent coexister. Non seulement les institutions sont susceptibles de bloquer l'adhésion aux nouveaux principes et conforter une nostalgie fordiste, comme c'est le cas aux États-Unis et en France. Plus encore, des organisations fort différentes peuvent répondre à la même fonction et garantir la compétitivité à long terme du système productif correspondant. Le nouveau modèle n'est donc pas que japonais, il est aussi allemand… et suédois : s'inspirant d'une production flexible de produits de qualité, chacun de ces systèmes productifs a ses forces et ses faiblesses, qui sont plus ou moins activées en fonction de la conjoncture et du type d'évolutions macro-économiques.

Enfin, on critiquera le caractère souvent trop statique des discussions concernant le nouveau modèle productif en voie d'émergence : tout se passe comme si toutes les firmes, les économies ou les régions devaient converger vers l'organisation optimale, donc un état stationnaire. Bien au contraire, tout modèle productif déclenche des dynamiques internes susceptibles à terme de le mettre en péril. De même, il est plus ou moins sensible à divers chocs externes, de sorte que la fin des systèmes productifs n'est pas pour les années quatre-vingt-dix. On est ainsi conduit à explorer les causes d'une possible crise structurelle du toyotisme comme de l'uddevallisme. Au demeurant, le début des années quatre-vingt-dix donne d'ores et déjà des signes de tensions, même dans les plus performants des modèles.

1. Un modèle productif comme réseau d'interdépendances

Par définition, un modèle productif organise en un ensemble cohérent des principes de gestion, une articulation avec la sous-traitance et la concurrence, enfin des modalités de gestion de la relation salariale. Le concept n'est pas purement micro-économique puisqu'il organise les interdépendances entre la stratégie des firmes, le système de relations professionnelles et même la régulation macro-économique, de sorte que c'est un concept intermédiaire, méso-économique, dont l'intérêt est de permettre un passage du niveau de la firme à la dynamique globale et vice versa.

Principes de gestion, organisation et rapport salarial

Pour préciser cette définition, il peut être éclairant d'en détailler les composantes en présentant la configuration fordiste de l'après-Seconde Guerre mondiale. Quatre objectifs principaux étaient à la base de ce modèle (diagramme 1). Fondamentalement, le but était de réduire, en les rationalisant, les temps opératoires élémentaires, grâce à une mécanisation poussée, synchronisant les flux productifs. Un second principe organisait une stricte hiérarchie entre la conception, puis l'organisation de la production, enfin la vente, selon un principe de pilotage par l'amont : les marchandises produites en longue série et à bas coûts finissaient toujours par trouver preneur, quand bien même leur qualité serait jugée médiocre, car marketing et publicité n'avaient pas d'autres fonctions. Tel était le troisième principe du fordisme misant sur la baisse des prix relatifs pour développer la consommation de masse. Enfin, la grande firme se réservait la partie stable de la demande, car des producteurs de plus petite taille assuraient les à-coups conjoncturels ou

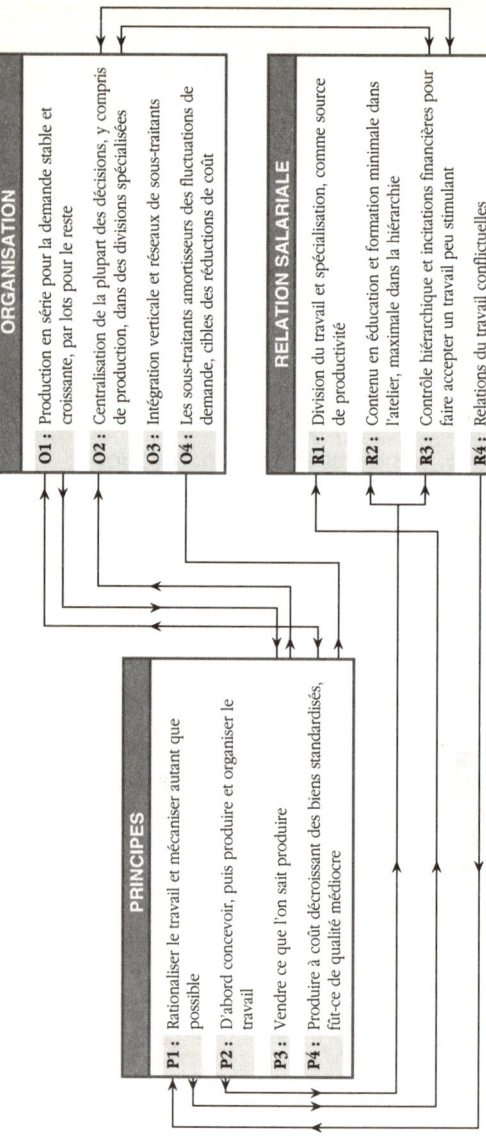

Diagramme 1 : Un système productif comme complémentarité entre principes, organisation des firmes et relation salariale ; l'exemple du fordisme

satisfaisaient les demandes de production en petites séries de produits différenciés. Ces buts appelaient en contrepartie une organisation particulière de la firme et de ses relations avec les autres entreprises.

En effet, le modèle fordien suppose une forte centralisation des décisions, selon un processus juxtaposant une série de divisions s'occupant respectivement de la conception, de la production, de la gestion du personnel, de la finance, etc. En conséquence, le traitement de l'information est lui-même centralisé, ne laissant que peu d'initiative aux établissements dans la gestion, même quotidienne. Corrélativement se développe une série de hiérarchies visant à assurer un contrôle des unités de rangs inférieurs, que ce contrôle passe par la multiplication de l'encadrement ou par des formules salariales incitatives à la productivité. Non seulement cette organisation est cohérente avec les buts du fordisme, mais elle est compatible avec la dynamique macro-économique succédant à la Seconde Guerre mondiale. En effet, une croissance forte et régulière, de même qu'une bonne prévisibilité de l'évolution des normes de consommation, rendaient relativement efficaces la centralisation et le contrôle hiérarchique.

Mais on ne saurait sous-estimer l'importance du rapport salarial qui est associé à cette phase historique. Dans nombre de pays, une forte conflictualité du travail aboutit en général à un compromis salarial sur un double niveau. Dans l'entreprise, les syndicats acceptent les prérogatives des directions en matière d'organisation, de technologie et de politique des produits, en contrepartie d'avantages financiers, portant soit sur le salaire direct soit sur les avantages sociaux. Au niveau du secteur ou de la nation, la négociation de conventions collectives codifie des principes généraux d'évolution des salaires qui se diffusent ensuite au reste de l'économie, ne serait-ce que grâce au quasi-plein emploi qui prévaut à cette époque. En d'autres termes, le compromis salarial fordiste associe acceptation de la rationalisation et de la mécanisation et institutionnalisation d'une formule salariale garantissant une progression du niveau de vie plus ou moins en ligne avec la dynamique de la productivité. Il est ainsi exemplaire que les conflits des OS des années soixante et soixante-dix n'aient abouti qu'à de très timides tentatives d'humanisation du travail, mais aient convergé vers des augmentations salariales, visant à compenser financièrement un travail répétitif, monotone, parfois dangereux et pour le moins peu stimulant.

Un système structurellement stable

Ainsi le système manifestait une cohérence forte et dynamique, puisqu'il parvenait à contenir des conflits parfois violents et les convertir en des éléments stabilisant le mode de régulation en vigueur. De plus, le fordisme manifestait une aptitude à s'insérer dans des pratiques et des traditions nationales variées. Des travaux antérieurs ont suggéré que chacun des grands pays de l'OCDE semble avoir de ce fait développé sa propre variante : fordisme impulsé par l'État en France, fordisme entravé au Royaume-Uni par de puissants syndicats de métier bloquant la malléabilité de l'organisation du travail, flex-fordisme en RFA, où un important système de formation livrait des qualifications beaucoup plus élevées et polyvalentes que dans le modèle fordiste typique. Quant aux États-Unis, terre native du fordisme, c'était l'ensemble de grandes corporations et des stimulants du marché qui avait abouti au modèle fordiste le plus pur. On rejoint donc le résultat d'autres analyses : de fortes différenciations nationales autour d'un modèle général et doté d'une grande stabilité.

On l'a déjà souligné, l'idée même de système productif suppose la persistance sur une période relativement longue de mécanismes assurant la cohérence de ses diverses composantes. Au demeurant, des interprétations théoriques diverses suggèrent cette même stabilité comme propriété fondamentale. Si l'on suit l'analyse néo-classique, aucune firme n'aura intérêt à violer les principes du système productif en vigueur car son profit s'en trouverait pénalisé. En conséquence, il ne devrait évoluer que sous l'effet lent et continu d'innovations techniques ne changeant sa configuration qu'à la marge. Une conclusion analogue dérive d'une analyse de type évolutionniste : si un système productif correspond à un système évolutionnairement stable, par définition aucune organisation alternative mise en œuvre par un petit nombre de firmes n'est à même de remplacer le système en vigueur. En effet, système productif et conventions manifestent les mêmes propriétés de stabilité structurelle car ils organisent un système de complémentarité dans les stratégies des agents.

Pour autant que les hypothèses correspondantes soient justifiées, on peut supposer que la transition d'un système à un autre serait extrêmement difficile voire impossible. Et pourtant, sur une longue période, les changements dans les systèmes techniques[1] et dans les modèles productifs sont très visibles. Il importe donc de rechercher quelques-unes des raisons susceptibles d'expliquer une telle transformation, en prenant pour exemple l'établissement puis la crise du fordisme.

2. Approfondissement et succès comme source de crise

Le propre des économies industrialisées est de susciter une pression à l'innovation, une succession de crises économiques, une extension de l'espace géographique du marché et une internationalisation de la production.

1. B. Gille, *Histoire des techniques,* Paris, Gallimard, 1978.

Ces tendances vont conduire du succès à un progressif épuisement du potentiel d'expansion, en particulier du modèle productif, comme du mode de régulation en vigueur. Ainsi, même si la crise peut donner l'apparence de l'événementiel ou de l'accidentel, tel l'enchérissement des prix pétroliers (1973) ou encore la chute des cours boursiers (1929), elle ne revêt un caractère durable et structurel que si la logique du mode de régulation est elle-même déstabilisée et perd sa cohérence. Le modèle de croissance fordiste de l'après-guerre n'échappe pas à cette règle puisque ses principes, l'organisation des firmes qu'ils impliquent et la relation salariale vont s'avérer de plus en plus contre-productifs (diagramme 2).

Rationaliser devient contre-productif

Ainsi, les objectifs intermédiaires que se donnaient les firmes pour défendre et améliorer la rentabilité conduisent-ils progressivement au résultat non voulu de précipiter une décélération marquée de la productivité et par extension une chute des profits (diagramme 2. 1). Rationaliser et mécaniser se sont avérés des principes très efficaces après la Seconde Guerre mondiale, mais une fois les économies reconstruites et modernisées, l'insuffisante prise en compte des savoir-faire ouvriers se fait progressivement sentir, de même que l'alourdissement quasi général du capital. Ce sont autant d'éléments de ralentissement de la productivité apparente du travail et plus encore de la productivité globale des facteurs… au point que, à la fin des années soixante-dix, il était devenu plus important pour les firmes de lutter contre la flânerie des machines que celle des salariés ! Ainsi se trouvait compromis l'un des ressorts du modèle de croissance de l'après-guerre.

De même, la hiérarchie linéaire qui fait se succéder conception puis production et enfin organisation du

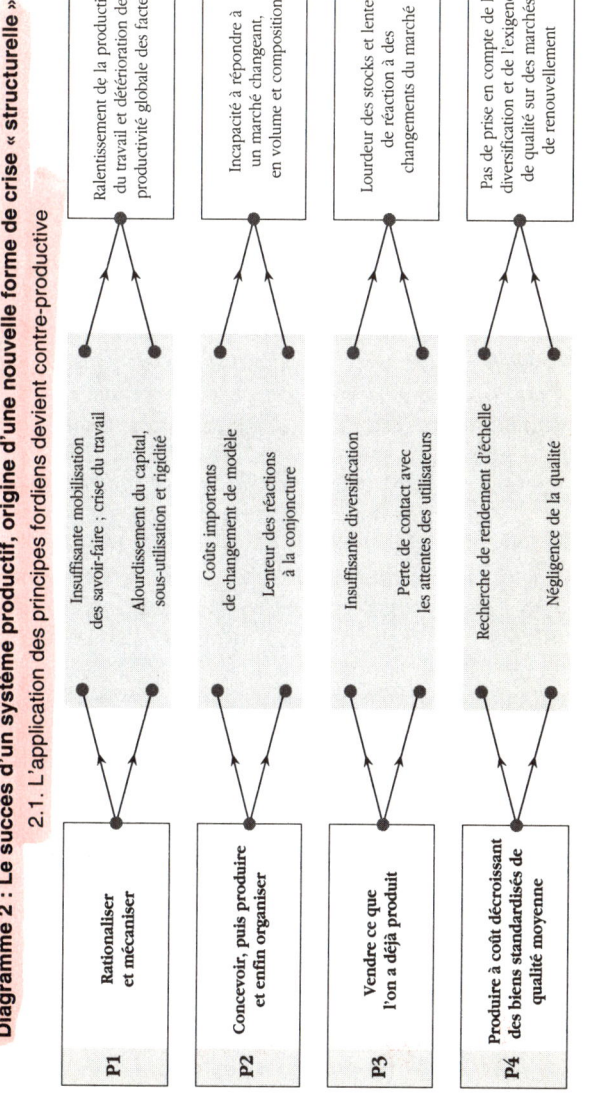

travail montre toutes ses limites à l'occasion des chocs pétroliers et plus encore des instabilités financières récurrentes dans les années soixante-dix et quatre-vingt. Compte tenu du temps considérable qui sépare la perception du marché du lancement d'un nouveau produit, nombre d'entre eux rencontreront alors l'échec, faute de pouvoir suivre avec rapidité et précision des marchés devenus changeants en volume et en composition. Ainsi s'explique la crise des méthodes traditionnelles de marketing qui, bien souvent, se bornaient à rendre attractif pour le consommateur un produit conçu pour les commodités de l'organisation de la production. L'alourdissement des stocks et la lenteur de réaction aux nouvelles demandes des consommateurs constituent la sanction de cette caractéristique institutionnelle du fordisme, longtemps cachée par une croissance forte et stabilisée. Dans le même esprit, alors que tous les efforts des firmes se concentraient sur la réduction des coûts unitaires, l'attention des consommateurs se porte dans les années soixante-dix sur la qualité, la durabilité, l'efficacité du service après-vente. Les principes fordiens typiques sont une fois de plus mis en défaut par cette nouvelle dynamique... L'ironie est que ces problèmes et déséquilibres s'inscrivent dans le droit fil des succès antérieurs : ils dérivent de la mise en application des principes mêmes du type de modernisation suivie après la Seconde Guerre mondiale.

L'organisation fordienne en porte à faux

C'est dans ce contexte qu'apparaissent certaines limites de l'organisation fordienne, un temps dissimulées sous l'influence d'une forte croissance (diagramme 2. 2). Comme la demande se fait incertaine et que, par ailleurs, la diffusion de l'électronique dans les ateliers permet une réduction de la taille des séries, les

Diagramme 2 (suite)

2.2. L'organisation fordienne en porte à faux par rapport aux tendances macro-économiques

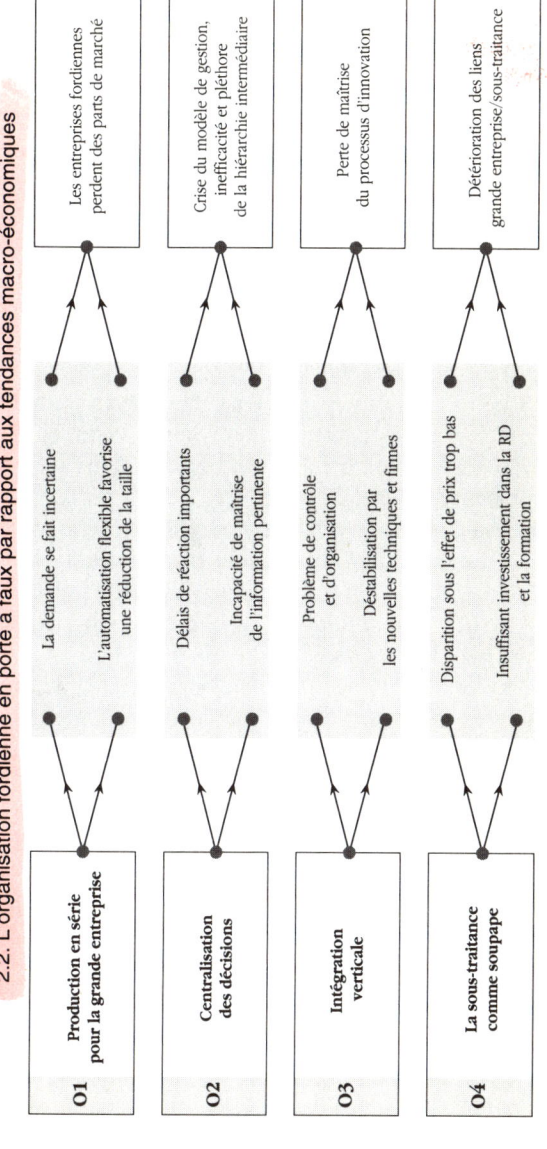

grandes entreprises subissent la concurrence d'entreprises de taille petite ou moyenne, dont l'organisation est mieux adaptée au nouveau contexte. De la même façon, une forte centralisation des décisions était efficace lorsque l'environnement des firmes était stable ou relativement prévisible. Ce n'est plus le cas lorsque la décomposition du mode de régulation de l'après-guerre induit une configuration sans précédent des taux d'intérêt, de la demande, du chômage... Apparaît une crise majeure du modèle de gestion, ce dont témoigne la perte de parts de marché et les problèmes de rentabilité rencontrés par les entreprises autrefois les plus performantes. Les difficultés de l'entreprise IBM au cours de l'année 1991 sont illustratives. Comme le déclare l'un des dirigeants d'IBM-France : « Autrefois, il y avait un certain nombre de départements, la RD, le marketing, la maintenance, etc. Nos bénéfices étaient la résultante de chacun de ces métiers. Cette stratégie fonctionnait bien tant que le marché était régi par l'offre. Dans l'environnement d'aujourd'hui c'est la demande qui décide. Or celle-ci est multiforme, variable, démocratisée[2]. »

Parallèlement, l'idéal d'un fort degré d'intégration productive est mis en péril par le durcissement de la concurrence qui accentue l'avantage de firmes de plus petite taille, dont la hiérarchie intermédiaire est plus légère. Plus encore, une nouvelle génération d'innovations déstabilise les découpages sectoriels antérieurs et surtout relève considérablement la taille minimale des investissements nécessaires dans le domaine des hautes technologies, par exemple. Ainsi, dans le développement des microprocesseurs, la taille de l'investissement en recherche-développement (RD) nécessaire n'a cessé de croître depuis les premières générations :

2. Claude Andreuzza, entretien avec le journal *Libération,* 24 janvier 1992, p. 10.

Diagramme 2 (suite)
2.3. La relation salariale : les forces deviennent des faiblesses

de 100 millions de dollars en 1985 à 350 millions en 1991, au point que la prochaine génération, attendue pour 1999, suppose un investissement en seul RD de l'ordre de un milliard de dollars. La taille de l'investissement comme la volonté de partager les risques expliquent que l'un des plus grands constructeurs, IBM, se soit associé à ses concurrents, en l'occurrence Siemens et Toshiba. Le réseau du partenariat a partiellement cédé la place à l'intégration verticale typique du fordisme[3]. De ce fait, il n'est plus possible d'intégrer verticalement toute la production, de sorte que les firmes sont contraintes ou incitées à développer les opérations de partenariat et les organisations en réseau. Enfin, les conceptions qui régissaient les relations entre donneurs d'ordres et sous-traitants arrivent aux limites. Ces derniers ayant souvent été utilisés comme amortisseurs des fluctuations conjoncturelles et comme moyen de contrôle des coûts, les grandes entreprises fordiennes peuvent souffrir de la détérioration de la qualité des composants ou même, dans certains cas, de la disparition de pans entiers d'expertise associés à des PMI. En ce sens, il n'est pas exagéré de parler de crise de l'organisation fordienne, puisque la quasi-totalité de ses composantes s'avère, dans les années quatre-vingt, jouer un rôle défavorable à la compétitivité. Il n'est pas inintéressant de noter que dans le même secteur, les firmes qui ont perdu des parts de marché avaient en général une organisation fordienne; *a contrario* celles qui ont fait progresser leur position anticipent sur les nouveaux principes de gestion en voie d'émergence. Que l'on compare par exemple Toyota et Nissan d'un côté avec General Motors et Ford de l'autre. Ce qui était une force devient une faiblesse… et vice versa : des organisations alternatives autrefois dominées par le fordisme s'avèrent plus performantes.

3. *Business Week,* 27 juillet 1992, p. 33.

Le rapport salarial rend les ajustements difficiles

Un processus analogue contribue à la progressive décomposition de ce qui faisait la supériorité du compromis salarial fordien (diagramme 2. 3). En premier lieu, pousser la division du travail dans l'atelier conduit, au-delà d'un certain seuil, à des résultats contre-productifs : les tâches deviennent tellement répétitives que l'absentéisme et la rotation de la main-d'œuvre témoignent indirectement des insatisfactions des salariés ; le développement de la hiérarchie intermédiaire hypothèque voire annule les gains de productivité réalisés dans l'atelier alors que la hiérarchie intermédiaire s'accroît (dans l'économie américaine, la montée de l'encadrement a significativement contribué au ralentissement de la productivité[4]) ; plus encore, une démarcation stricte des tâches bloque leur redéfinition en réponse aux innovations organisationnelles permises par l'électronisation. La crise simultanée du travail et de la productivité exprime cette limite dans la division du travail héritée de l'après-Seconde Guerre mondiale.

De la même façon, la polarisation des qualifications dans la hiérarchie et la minimisation de l'implication des ouvriers constituent un obstacle à la maîtrise des équipements programmables, à la polyvalence et, plus généralement, à la réponse à l'incertitude et la variabilité de la demande. Les jeunes générations, dotées d'une éducation plus longue et complète manifestent des aspirations qui ne peuvent pas être satisfaites dans la conception fordienne de la relation salariale. Si, un temps, les frustrations des OS alimentent des augmentations de salaires, finalement fonctionnelles par rap-

---

4. *Cf.* S. Bowles, D. Gordon, Th. Weisskopf, *Économie du gaspillage*, Paris, La Découverte, 1986.

port au mode de régulation fordiste, dans un second temps, le compromis salarial se fissure, de sorte que la tension sur les coûts vient buter sur le renforcement de la concurrence internationale et implique une chute de la rentabilité. À cet égard, la crise très précoce de l'industrie manufacturière britannique illustre un mécanisme qui s'étendra, après les deux chocs pétroliers, à la quasi-totalité des grandes économies de l'OCDE. De ce fait, les relations de travail, déjà fort conflictuelles à l'époque de la croissance rapide, s'enveniment encore davantage. Lorsque, par exemple, apparaît la nécessité de contracter le volume de l'activité, le contrat salarial fordiste typique privilégie la mise au chômage technique ou le licenciement si le ralentissement des ventes persiste. Parallèlement, une série de nouvelles technologies vient déstabiliser le compromis fordiste, en déplaçant ou rendant obsolètes les démarcations entre métiers. Comme le revenu et le statut des salariés sont associés au poste de travail et/ou au métier, il n'est pas surprenant que les syndicats bloquent certaines avancées technologiques et plus encore des réorganisations qui, dans un autre contexte salarial, seraient mutuellement avantageuses. À nouveau, ce qui faisait la force du fordisme se transforme en un élément de fragilisation et de perte de compétitivité.

Ainsi, la mise en œuvre même des objectifs fordistes, la diffusion des modèles hérités de l'organisation scientifique du travail et la généralisation de l'idéal du rapport salarial institué après 1945 conduisent à un renversement endogène de tendances antérieurement favorables. Ils conduisent également à l'émergence de problèmes d'abord considérés comme ponctuels, mais qui, dans les années soixante-dix, puis quatre-vingt, vont désigner l'équivalent d'une crise structurelle : les institutions fordistes deviennent de plus en plus un obstacle à la régulation qu'elles étaient sensées impulser[5]. Voilà qui ouvre la perspective d'organisations alternatives auparavant dominées par la logique de la production de masse. Pourtant le cheminement est loin d'être simple : une analyse historique, même cursive, révèlerait qu'il s'agit moins d'une transition paisible d'un mode d'organisation à un autre que de la recherche tâtonnante et souvent myope d'alternatives aux solutions du passé. Ces dernières sont devenues si naturelles qu'elles en occultent des conceptions plus novatrices, bloquées par la prégnance de l'ancien modèle.

3. Mort d'un système et émergence d'un autre ?

Les forces mêmes qui faisaient la cohésion de l'ancien modèle empêchent une recomposition aisée et rapide en un système dont les principes seraient différents. À cet égard, il ne suffit pas qu'un modèle de gestion soit en crise pour que s'impose une alternative qui résoudrait miraculeusement les problèmes sur lesquels avait buté le modèle antérieur. Non seulement chacun des groupes sociaux et des intérêts économiques concernés tend à défendre sa position dans l'ancien système, mais encore il est des obstacles « sociétaux » à l'éclosion du neuf qui supposent par exemple d'autres relations professionnelles, une configuration distincte du système éducatif, sans compter une réorientation de certaines interventions clés de l'État qui, de fait, étaient fonctionnelles par rapport au modèle de croissance fordiste. Le long cheminement qui conduit de la reconnaissance de la crise du fordisme à un quasi-

---

5. Cette conception de l'évolution des systèmes institutionnels a été mise en avant par les problématiques de la régulation (R. Boyer, *Théorie de la régulation : une analyse critique,* Paris, La Découverte, 1986). Quelque peu négligée dans les autres problématiques, elle pourrait connaître à l'avenir un certain essor.

consensus sur la configuration d'un système alternatif témoigne de la difficulté intrinsèque à tout basculement d'un système productif. Et cela d'autant plus que le fordisme a développé des infrastructures et des investissements lourds, créateurs d'indivisibilités, et a multiplié les formes institutionnelles étroitement articulées à ce mode de développement bien particulier. Un rapide rappel des principales étapes de la reconnaissance de la crise des modèles productifs fordiens confirme ce diagnostic.

L'ampleur des chocs macro-économiques dissimule la crise du modèle productif

Dès la fin des années soixante, certains pays ou, plus exactement, certaines entreprises développèrent des programmes d'humanisation du travail dont l'objectif avoué était de rechercher une organisation productive qui réponde mieux aux attentes des nouvelles générations, peu désireuses de s'enrôler dans l'industrie manufacturière. Ainsi, les premiers efforts de robotisation visent à éliminer les tâches les plus pénibles et les plus dangereuses; on apporte certains amendements aux principes de la ligne de montage, par exemple grâce à l'expérience des groupes semi-autonomes. C'est sans doute en Suède, et à un moindre degré en Allemagne, que ces efforts ont été développés le plus systématiquement et assez résolument... bien que la plupart des industries de montage obéissent encore aujourd'hui à une logique très fordienne[6]. Pour les pays les plus engagés dans le modèle standard de la production de masse, de telles expériences sont rares et ont commencé seulement depuis deux ou trois ans!

6. Il en est de même pour l'Allemagne, car des stratégies fort différentes susceptibles de se prolonger continuent à coexister, comme le montre H. Hirsch-Kreinsen, « Évolution du travail en Allemagne : les trois possibles », *in Vers un nouveau modèle productif ?* Paris, Syros, 1993.

Si le ralentissement de la productivité intervient dès la fin des années soixante aux États-Unis, les problèmes n'apparaissent dans les autres grands pays qu'après les deux chocs pétroliers, sans doute parce que ces pays n'avaient pas terminé leur processus d'adhésion à la consommation de masse. Il était dès lors logique d'imaginer que la rupture des tendances de la productivité dérivait de l'ampleur de l'intensité énergétique associée aux processus manufacturiers fordistes. Dans ces conditions, le caractère dramatique des évolutions du prix de l'énergie et leurs conséquences sur la rentabilité et la compétitivité dissimulèrent longtemps le fait que la dynamique même d'obtention des gains de productivité était affectée... Même si le fordisme était grand consommateur de pétrole et que les industries nationales qui étaient les plus économes traversèrent mieux les crises pétrolières (par exemple l'Allemagne et le Japon), les problèmes structurels demeuraient posés. En témoigne l'évolution atypique de la productivité lors de la longue phase d'expansion (1983-1990) : bien que relancée par la baisse du prix relatif du pétrole, l'activité économique fut loin d'engendrer la progression attendue de la productivité[7].

Dans le milieu des années soixante-dix, l'idée s'imposa un temps que l'absence de coordination entre les politiques économiques nationales était responsable du ralentissement de l'économie internationale et, de ce fait, des gains de productivité associés à la mobilisation de rendements d'échelle croissants. Selon une variante de cette interprétation, les entraves au libre jeu de la concurrence à l'échelle mondiale couperait net la boucle vertueuse de croissance des marchés et de la

---

7. Telle est l'origine du paradoxe de Solow déjà évoqué : malgré une reprise de l'investissement et la multiplication d'innovations majeures, aucun des grands pays n'a retrouvé les gains de productivité qu'ont connus les années soixante. La question attend encore une interprétation générale, rigoureuse et convaincante.

productivité qui avait antérieurement la nation pour espace privilégié. L'histoire s'est chargée de réévaluer l'importance du premier de ces facteurs : l'échec de la relance concertée de 1978 sonna le glas de cette vision très keynésienne, selon laquelle il suffisait d'étendre à l'échelle mondiale les principes qui avaient si bien réussi pour chacun des États-nations. L'accentuation des déséquilibres extérieurs qui en résulta montra à l'évidence que la logique fordienne d'obtention des gains de productivité s'était bloquée au moins pour une fraction significative des grands pays. Quant à la seconde interprétation, les travaux techniques les plus favorables concèdent que les obstacles au libre-échange n'introduisent qu'une perte de bien-être de l'ordre de quelques pour cent, de relatif second ordre par rapport à ce que permettrait une croissance cumulative de la productivité comme lors des Trente Glorieuses. En d'autres termes, il existe une dialectique cachée entre le type de dynamique économique et la configuration des systèmes productifs, mais la crise de l'un ne suffit pas à expliquer celle de l'autre. Il y a bien un problème général de productivité (et de qualité), certes aggravé en période de basse conjoncture, mais il trouve son explication dans les facteurs les plus structurels du fordisme.

Exportation du fordisme : une solution en trompe l'œil

À partir de la fin des années soixante-dix est apparue une quatrième interprétation qui insistait sur la délocalisation des industries fordiennes du centre vers la périphérie. L'idée était que sous la contrainte des mouvements écologistes en voie d'émergence, et plus encore des jeunes salariés refusant la discipline fordiste, il était logique et rentable que les installations de la production de masse émigrent vers le sud et favorisent ainsi leur industrialisation. La limite au système productif était donc sociale et restreinte au petit nombre de pays appartenant au centre de l'économie mondiale. En effet, de nouveaux espaces s'ouvraient à la salarisation sur une échelle internationale, ce qui à terme étendrait la production et la consommation de masse à d'autres populations. L'investissement direct international a certes connu un essor sans précédent tout au long des années quatre-vingt, lié en partie aux transformations du modèle productif. Pourtant, l'hypothèse initiale d'une simple exportation du fordisme est loin de se trouver validée en 1990.

En premier lieu, les espoirs mis en l'Amérique latine ont été très largement démentis, du fait de l'instabilité macro-économique de ces pays mais aussi de l'inadéquation des processus fordiens qui ont été ainsi exportés, incapables de satisfaire aux nouvelles normes de l'économie mondiale. En second lieu, les nouveaux pays industrialisés les plus dynamiques ont été ceux du Sud-Est asiatique qui, entraînés par la dynamique japonaise, n'ont pas mis en œuvre une logique typiquement fordienne mais plutôt alternative, s'inspirant plus de Toyota que de General Motors : production de masse différenciée et non pas simple réduction de coût de produits standardisés.

Enfin et surtout, le pronostic d'une désindustrialisation générale des pays de vieille industrialisation a été démenti puisque le Japon et l'Allemagne ont pu préserver une part élevée de leur PIB consacrée à l'industrie manufacturière. Or il est de plus en plus clair que les industries correspondantes sont plus une hybridation et, dans certains cas, une novation qu'une simple copie du modèle fordien américain. En définitive, la vague des *transplants* japonais véhicule un nouveau modèle d'organisation, significativement distinct de celui des firmes autochtones et, dans le contexte des années quatre-vingt, plus efficaces, comme en témoigne l'évolution des parts de marché respectives des entreprises qui suivent l'un ou l'autre modèle[8]. L'internationalisation est donc devenue une force qui a déstabilisé puis partiellement remplacé le modèle productif fordiste, au lieu de le conforter.

La flexibilité salariale, une alternative partielle

Mais cette prise de conscience fut encore retardée par les stratégies de flexibilisation du marché du travail qui connurent leur apogée dans la seconde moitié des années quatre-vingt. Face à la persistance ou à la montée continue du chômage, il était *a priori* logique d'incriminer quelques défauts ou frictions dans l'ajustement des offres et demandes d'emploi, tout à fait indépendamment des problèmes d'organisation productive. Selon cette interprétation, la seule composante défectueuse du modèle productif de l'après-guerre était le compromis salarial codifié par les conventions collectives : par exemple, en introduisant un partage des profits, le chômage s'en trouverait réduit à sa plus simple expression[9], et simultanément l'intéressement financier des salariés les conduirait à développer spontanément la productivité et veiller à la qualité des produits. Aucun enjeu structurel ou systémique ne serait présent, tout au plus un problème d'incitation, *a priori* totalement indépendant de la dynamique organisationnelle et technologique.

Même si l'on adopte cette vision d'une limitation des contrats salariaux fordiens, ce n'est que l'une des composantes de la déstabilisation d'ensemble du modèle productif. Il est par exemple significatif que la

---

8. L'un des plaidoyers en faveur de l'émergence d'un nouveau modèle productif insiste précisément sur le rôle des transplants japonais dans les pays de l'OCDE. Lire J.-P. Womack, D. T. Jones, D. Roos, *Le Système qui va changer le monde,* Paris, Dunod, 1992.

9. Cette idée a connu un succès certain sous l'impulsion de M. L. Weitzman, *L'Économie du partage,* Paris, Économica, 1986.

demande de travail peu qualifié, inhérente au fordisme, ne cesse de baisser relativement à celle exprimée en direction de travailleurs plus qualifiés : le mouvement est tellement général et persistant sur près de deux décennies, qu'il désigne en fait une réorientation majeure de l'organisation interne des firmes. Déqualifier le travail des opérateurs directs n'est plus la stratégie reine[10]. Mais l'argument essentiel consiste à remarquer que les stratégies de flexibilisation défensive par austérité salariale – atténuation des contraintes juridiques du contrat de travail ou encore précarisation des syndicats – n'ont pas produit les résultats attendus en matière de création d'emplois[11]. Des comparaisons internationales montrent que ce ne sont pas les pays caractérisés par les salaires les plus bas et/ou les plus concurrentiels qui ont accru leurs parts de marché à l'échelle internationale.

L'exemple des États-Unis est éclairant : la déliquescence des conventions salariales fordiennes est allé de pair avec un ralentissement durable de la productivité, car les facilités d'une flexibilité défensive (lutte contre l'établissement de syndicats, émigration des entreprises vers les États les plus permissifs en matière de pouvoir patronal...) l'ont emporté sur la pression à l'innovation que constitueraient de hauts salaires dont la croissance est programmée sur le moyen terme. *A contrario,*

---

10. Ce résultat fait maintenant l'objet d'un très large accord entre spécialistes du marché du travail, comme en témoignent les diverses livraisons de OCDE, Ed. Perspectives de l'emploi, 1986 à 1992, Paris. Au demeurant, l'extension des zones de libre-échange, et plus généralement l'internationalisation, semblent approfondir ces tendances en introduisant une segmentation forte des marchés du travail selon le niveau de qualification. Voir *Business Week*, « The Global Economy : Who Gets Hurt ? », 10 août 1992, p. 28-32.

11. La faiblesse théorique des argumentations en faveur de la flexibilité salariale a été analysée par R. Boyer dans *La Flexibilité du travail en Europe,* Paris, La Découverte, 1986. La dynamique intervenue depuis lors a renforcé la portée de ces arguments.

lorsqu'une institutionnalisation forte des syndicats et/ou une flexibilité interne et organisationnelle prévalent, l'adhésion à de nouveaux principes productifs s'en est trouvée facilitée. On observe à nouveau que les formules salariales ne sont que l'une des composantes d'un système productif, de sorte que les stratégies de flexibilisation défensive ont paradoxalement contribué à maintenir une compétitivité partielle aux processus de production fordistes, dissimulant longtemps leur inadéquation aux enjeux de la concurrence dans les années quatre-vingt et quatre-vingt-dix.

La reconnaissance tardive du rôle de l'organisation

Au début des années quatre-vingt-dix, le pouvoir explicatif de la plupart de ces interprétations partielles a été sérieusement réévalué. D'une part, les deux dernières décennies ont enregistré des reclassements spectaculaires des diverses firmes appartenant à un même secteur et simultanément des grands pays de l'OCDE. Il est maintenant de plus en plus reconnu que ces transformations majeures dérivent de l'inégale aptitude des organisations correspondantes à s'insérer dans les nouveaux principes productifs alternatifs au fordisme. D'autre part, il est de plus en plus reconnu que les explications précédentes ne constituent que les pièces isolées d'un puzzle qui décrit la recomposition d'une configuration fordiste à une autre, toyotienne ou uddevalliste.

Il est d'ailleurs significatif que les modes de *management* qui n'ont cessé de se succéder tout au long des années quatre-vingt, longtemps fort superficiels, abordent de plus en plus les problèmes d'apprentissage organisationnel, de développement des compétences de base, d'architecture organisationnelle. Une analyse rétrospective du contenu de la revue *Business Week* éclaire sur l'ampleur de ces changements. Dans les années quatre-vingt, la prise de décision instantanée, le groupisme, le rôle des gourous, la numérologie et bien d'autres obscurantismes et irrationalismes étaient à la mode. Dans le numéro de *Business Week* du 31 août 1992, « Management's Gurus », il n'est question que de *learning organization, reengineering, score competencies, organizational architecture, time-based competition*... c'est-à-dire autant de composantes du nouveau modèle (diagramme 3)... Autant de termes qui renvoient à un changement de nature systémique, de plus en plus reconnu comme tel, dans les milieux les plus divers, et ce pour la quasi-totalité des pays industrialisés. Il est par exemple significatif que l'une des commissions du Xe Plan français ait été consacrée à l'usine du futur alors que ce thème était absent à l'apogée du fordisme. En effet, les modestes résultats de l'économie française sont maintenant pour une part attribués aux retards dans la réorganisation des firmes françaises, en réponse à la nouvelle donne internationale et technologique[12]. En d'autres termes, une nouvelle orthodoxie semble s'être finalement imposée, à l'issue d'un processus d'essais et d'erreurs long d'une ou deux décennies : les modèles organisationnels importent pour la performance et la compétitivité à moyen long terme.

---

12. *Cf.* F. Irion (dir.), *L'Usine du futur : l'entreprise communicante et intégrée,* Paris, La Documentation française, juin 1990.

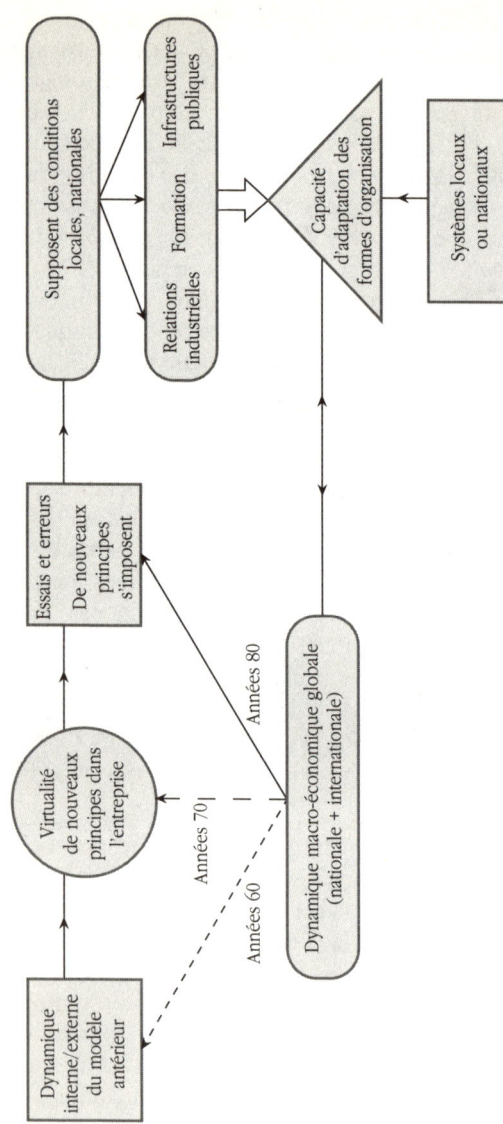

Figure 1 : Comment s'opère un basculement d'un système productif à un autre ?

4. Les années quatre-vingt-dix : le nouveau paradigme productif

Comme le rappelait Keynes dans la *Théorie générale de l'emploi, de l'intérêt et de la monnaie* (1936), les obstacles que rencontrent de nouvelles conceptions ne tiennent pas à leurs difficultés propres mais à la prégnance d'anciens systèmes d'interprétation. Cet adage s'applique tout particulièrement au système productif : les principes fordiens avaient été si efficaces qu'il fallut que se renouvellent les échecs, que s'approfondissent les différences entre firmes, régions et nations pour que se recompose la vision d'ensemble des principes qui devraient régir, à l'avenir, les systèmes productifs (figure 1).

De nos jours, ce seuil a été franchi et on peut redouter au contraire un excès de conformisme autour d'une adhésion enthousiaste et parfois naïve à un nouveau type d'entreprise, communicante, polyvalente, organisée en réseau, vendant sur un marché international des produits de haute qualité et à haute valeur ajoutée, garantissant ainsi des salaires élevés et préservant l'emploi. Il importe de rappeler que ce processus a été particulièrement lent puisqu'il a correspondu à des restructurations intensives et au basculement des pôles régionaux de développement. Il a remporté des succès mais aussi beaucoup d'échecs. Plus encore, la supériorité du nouveau modèle productif réside en grande partie dans la nouvelle dynamique macro-économique qui prévaut à l'échelle internationale. C'est la grande incertitude concernant l'évolution des taux d'intérêt et de change, les perspectives de croissance et le durcissement de la concurrence internationale qui rendent si efficaces les principes d'innovation permanente, de polyvalence et d'intéressement des salariés aux objectifs globaux de l'entreprise. Au demeurant, le succès dans la mise en œuvre de ces principes n'est jamais

IMP

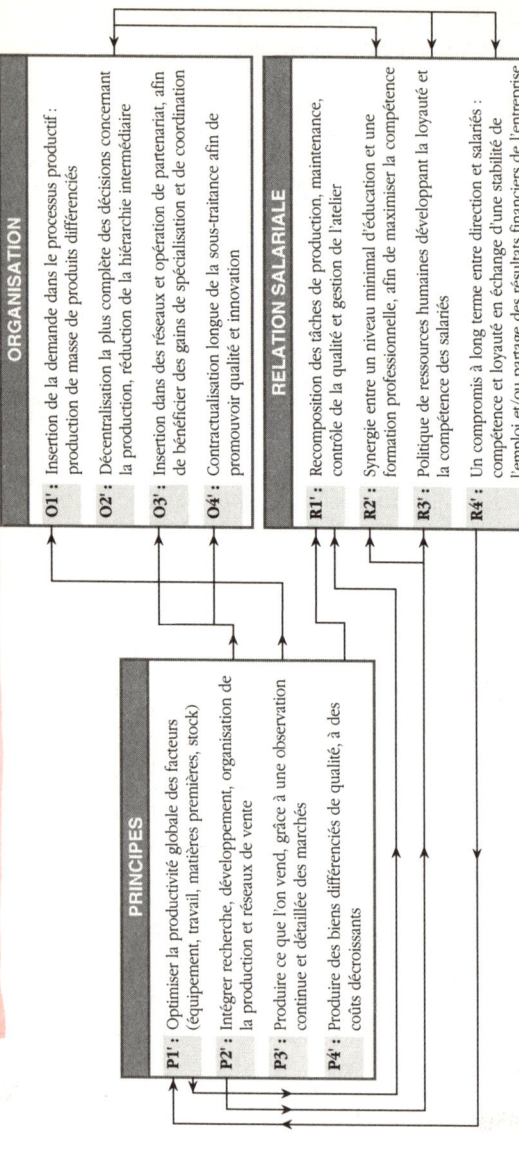

Diagramme 3 : Un système productif alternatif au fordisme, toyotisme et/ou uddevallisme ?

PRINCIPES

- **P1'** : Optimiser la productivité globale des facteurs (équipement, travail, matières premières, stock)
- **P2'** : Intégrer recherche, développement, organisation de la production et réseaux de vente
- **P3'** : Produire ce que l'on vend, grâce à une observation continue et détaillée des marchés
- **P4'** : Produire des biens différenciés de qualité, à des coûts décroissants

ORGANISATION

- **O1'** : Insertion de la demande dans le processus productif : production de masse de produits différenciés
- **O2'** : Décentralisation la plus complète des décisions concernant la production, réduction de la hiérarchie intermédiaire
- **O3'** : Insertion dans des réseaux et opération de partenariat, afin de bénéficier des gains de spécialisation et de coordination
- **O4'** : Contractualisation longue de la sous-traitance afin de promouvoir qualité et innovation

RELATION SALARIALE

- **R1'** : Recomposition des tâches de production, maintenance, contrôle de la qualité et gestion de l'atelier
- **R2'** : Synergie entre un niveau minimal d'éducation et une formation professionnelle, afin de maximiser la compétence
- **R3'** : Politique de ressources humaines développant la loyauté et la compétence des salariés
- **R4'** : Un compromis à long terme entre direction et salariés : compétence et loyauté en échange d'une stabilité de l'emploi et/ou partage des résultats financiers de l'entreprise

garanti : si les conditions locales sont trop marquées par la prégnance des valeurs et des institutions fordistes, l'incapacité à incorporer les nouveaux principes peut se traduire par un mouvement de désindustrialisation, de chômage de longue durée, etc.

Pourtant, d'un strict point de vue théorique, les principes d'une alternative au fordisme sont très largement reconnus par une communauté de praticiens, de théoriciens de la gestion, d'économistes, etc. Il est possible de les présenter sous la même forme que les principes qui régissaient la production de masse lors des Trente Glorieuses : des objectifs originaux aident à organiser l'entreprise et ses relations, de même qu'une nouvelle configuration salariale s'impose comme complément nécessaire (diagramme 3). Quatre séries d'arguments plaident en faveur de la cohérence et de la généralité de ce changement paradigmatique.

Une solution aux limites du fordisme

Cette nouvelle configuration a pour premier avantage de surmonter les déséquilibres et difficultés sur lesquels avait buté le modèle fordiste. Ainsi, au lieu de n'optimiser que la productivité apparente du travail, mieux vaut synchroniser l'usage de l'ensemble des facteurs, c'est-à-dire le travail, les matières premières, les stocks (et même l'information) et non plus simplement les heures travaillées. De même, si une organisation plus intégrée permet d'optimiser les exigences distinctes de la production et du marché, alors l'adaptabilité de l'entreprise à des marchés changeants sera plus aisée. Simultanément, si l'on s'attache à produire ce que l'on peut vendre ou ce que l'on a déjà vendu, beaucoup de déséquilibres typiquement fordiens disparaîtront. Enfin, au lieu de rechercher une réduction forcenée des coûts unitaires de produits de piètre qualité trouvant difficilement preneur sur le marché, pourquoi ne pas viser en permanence une optimisation du couple qualité-productivité[13]... quitte à ce que la conception générale de l'organisation s'en trouve bouleversée ?

Tel est en effet le premier argument en faveur de la viabilité des nouveaux principes : ils stoppent les processus pernicieux d'ajustement hérités de la décomposition du fordisme ; on peut comparer terme à terme le diagramme 2.1 avec les principes qu'explicite le diagramme 3. *Mutatis mutandis,* la même démonstration peut être conduite concernant l'organisation (diagramme 2.2) et plus encore la relation salariale (diagramme 2.3). Par exemple, la recomposition plus ou moins complète des tâches de production et de maintenance peut être un moyen d'enrayer la crise de la productivité, de même qu'une meilleure formation générale et continue est essentielle en vue de maîtriser les processus informatisés modernes, dans l'industrie comme dans les services. Du même coup, les contrôles hiérarchiques changent de nature et peuvent être partiellement remplacés par des systèmes incitatifs de rémunération et de promotion. Enfin, en réponse aux aléas et aux retournements conjoncturels, il est toute une gamme de solutions (transferts internes de main-d'œuvre, relais de la formation interne dans les périodes de basse conjoncture, réduction générale des horaires...) qui permettent d'éviter le licenciement comme moyen privilégié de gestion, tout en maintenant un esprit coopératif nécessaire à l'amélioration de la productivité et de la qualité.

Cohérence et viabilité des nouveaux principes

Plus encore, ces nouveaux principes, cette configuration de l'organisation et de la relation salariale, entrent

13. On trouvera une analyse de l'influence du nouveau paradigme sur les instruments de gestion et en particulier la comptabilité dans P. Lorino, *L'Économie et le manageur,* Paris, La Découverte, 1989.

en synergie car ils se confortent l'un l'autre : leur ensemble tend à définir un nouveau système productif, car doté de stabilité structurelle. En bref, si l'objectif est d'optimiser dynamiquement l'usage des compétences, nul doute que le contrôle hiérarchique taylorien doive être abandonné au profit de stimulation d'équipes par leur leader, d'une quasi-intégration verticale et d'un développement des réseaux aussi bien en direction de la sous-traitance que des partenaires concurrents, en vue de développer des produits et procédés nouveaux. De ce fait, c'est le cœur même de la relation salariale fordienne qui doit être recomposé, puisque ce ne sont plus les tâches qui déterminent le statut et la rémunération mais la compétence, la loyauté et l'aptitude à s'engager dans un processus d'innovations permanentes. Supposant que ces trois séries d'ingrédients aient pu être combinées, alors peut s'amorcer un cercle vertueux d'apprentissage collectif, de bonnes performances économiques et de consolidation de la relation salariale.

Mais on peut démontrer plus directement la cohérence et la viabilité de ce nouveau modèle productif. En effet, il est intuitif que la différenciation des produits, la réactivité du marché et la polyvalence des opérateurs supposent une organisation alternative dont l'objectif est de concilier baisse permanente des coûts, recherche de la qualité comme argument de vente, et flexibilité productive interne (figure 2). Le modèle est *a priori* viable puisqu'il permet aux firmes qui l'adoptent de s'ajuster aux aléas et aux fluctuations conjoncturelles tout en préservant le noyau dur de leur organisation, sensiblement inchangé. La compétitivité sera assurée si l'incertitude est plus forte que dans la période fordiste, mais cependant limitée[14], et si par

---

14. On doit à M. Aoki les analyses les plus complètes de la viabilité de l'entreprise J (pour japonaise) par rapport à l'entreprise A (américaine).

ailleurs persiste un certain nombre de firmes encore régies par le modèle fordien. En effet, dans ce contexte, les firmes toyotiennes ou uddevalliennes maintiennent ou étendent leurs parts de marché. La question ouverte demeure celle de la viabilité d'un monde composé dans sa totalité de firmes ayant adopté le nouveau paradigme... et de ce fait baignant dans une conjoncture potentiellement nouvelle puisqu'elle n'est plus stabilisée par l'inertie des formes institutionnelles fordiennes. Néanmoins, à un niveau micro- ou méso-économique, on voit s'accumuler les évidences empiriques et théoriques quant à la cohérence de cette configuration productive alternative.

Des résultats supérieurs dans un contexte de forte incertitude et d'innovations

C'est évoquer la question de la supériorité du nouveau modèle par rapport à l'ancien. Dans cette lignée, trois séries d'arguments peuvent être avancées. Il faut d'abord répondre à une objection fréquente : le toyotisme ne serait qu'une variante mineure du fordisme. Si, par cette affirmation, on entend rappeler la forte continuité qui prévaut depuis la naissance de l'*American system,* en passant de la Ford T au modèle de la General Motors et enfin au toyotisme – comme autant d'étapes dans la production de masse de produits différenciés – la remarque est tout à fait fondée[15]. Si, par contre, on suggère que fordisme et toyotisme sont totalement équivalents, la conclusion est erronée. En premier lieu, une comparaison terme à terme des deux modèles montre qu'ils poursuivent des objectifs différents et, dans certains cas, opposés, par exemple

---

15. On peut même imaginer que l'un des scénarios consiste à prolonger ces tendances comme le suggère M. Freyssenet, «Deux scénarios en un, ou les voies apparemment paradoxales de la division du travail aujourd'hui», *in Vers un nouveau modèle productif? op. cit.*

en matière de qualité des produits et de qualification de la main-d'œuvre (figure 2). En second lieu, les deux modèles organisationnels sont différents puisque face à une même variation de l'environnement, ils conditionnent des ajustements très contrastés dans le court comme dans le moyen terme. Pour ne prendre que cet exemple, face au premier choc pétrolier, les grandes firmes fordiennes ont réagi par la diversification, le désinvestissement industriel, les licenciements et la recherche de concessions salariales. Les entreprises toyotiennes ont, à l'opposé, privilégié les dépenses de recherche et de développement, le renouvellement accéléré des équipements obsolescents, la formation de la main-d'œuvre et la mobilité interne ou organisée. À terme, les trajectoires de firmes engagées dans le même secteur sont totalement différentes : contraction des parts de marché pour les premières, essor pour les secondes.

Arguments théoriques et évidences empiriques se conjuguent pour conclure à une nette supériorité des nouveaux principes, dans une grande variété de contextes macro-économiques et pas seulement celui, très particulier, des années quatre-vingt. En effet, initialement, certains analystes annoncèrent la fin de la consommation de masse et sa transformation progressive en un système de production flexible : les économies de variété l'emporteraient sur les économies d'échelle, la polyvalence sur la spécialisation. En fait, il est de plus en plus évident que la production à des millions d'exemplaires d'un même microprocesseur peut donner lieu à une extrême variété des ordinateurs dans un contexte où diversification du produit final va de pair avec la standardisation des composants. De manière plus générale, le nouveau modèle productif combine effets d'échelle et de variété et leur donne une nouvelle efficacité. En effet, l'ampleur de la

Figure 2 : Les deux modèles productifs ne sont pas équivalents

FORDISME

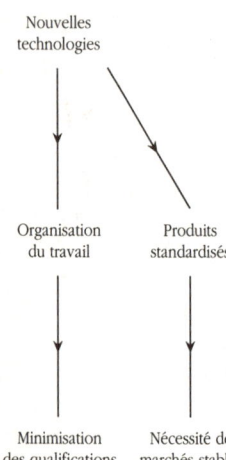

- Nouvelles technologies
- Organisation du travail
- Produits standardisés
- Minimisation des qualifications requises dans la production
- Nécessité de marchés stables et en croissance

TOYOTISME

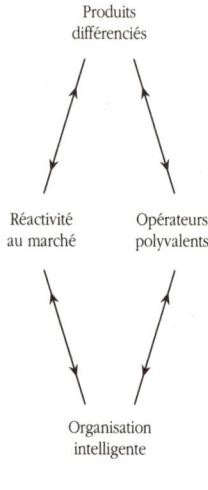

- Produits différenciés
- Réactivité au marché
- Opérateurs polyvalents
- Organisation intelligente

Réduction des coûts, mais rigidité productive et piètre qualité

Flexibilité productive, réduction des coûts et qualité sont conciliables

▼▼▼

gamme permet de mieux répondre aux changements de la composition de la demande, ce qui garantit une meilleure utilisation des compétences des salariés et des équipements. En retour, les effets d'expérience et les rendements d'échelles statiques et dynamiques s'accumulent, de sorte que les coûts unitaires baissent sans que pour autant la variété diminue. Tel est le cœur de la supériorité dynamique des principes toyotiens par rapport aux principes fordiens, selon un mécanisme clairement analysé par beaucoup d'observateurs dont les problématiques diffèrent largement[16]. Au demeurant, les entreprises typiquement fordiennes cèdent leurs parts de marché à des entreprises mettant en œuvre les nouveaux principes : IBM a du mal à contenir le dynamisme de NEC en informatique, General Motors celui de Toyota... et l'on pourrait multiplier les exemples. Ce processus est suffisamment général et opère sur une période longue d'au moins deux décennies, de sorte qu'il faut sans doute y voir un processus schumpétérien de remplacement d'un système productif par un autre. Les indicateurs statistiques confirment cette analyse, tout particulièrement dans le secteur de l'automobile. Non seulement la productivité des firmes japonaises est supérieure, mais la qualité de leurs produits est perçue comme meilleure par les consommateurs et usagers. L'efficacité n'est pas simplement statique (en termes d'heures nécessaires à l'assemblage d'un véhicule) mais elle est aussi dynamique au sens où le renouvellement des modèles est plus rapide et nécessite moins de temps de développe-

---

16. Outre l'ouvrage de J.-P. Womack et *alii, op. cit.,* on peut mentionner B. Coriat, *Penser à l'envers,* Paris, Bourgois, 1991, ainsi que J.-H. Jacot (dir.), *Du fordisme au toyotisme ? Les voies de la modernisation du système automobile en France et au Japon,* Paris, La Documentation française, 1990. Voir aussi les très nombreux articles de la presse économique et financière, en particulier *The Economist,* «Factory of the Future», mai 1990.

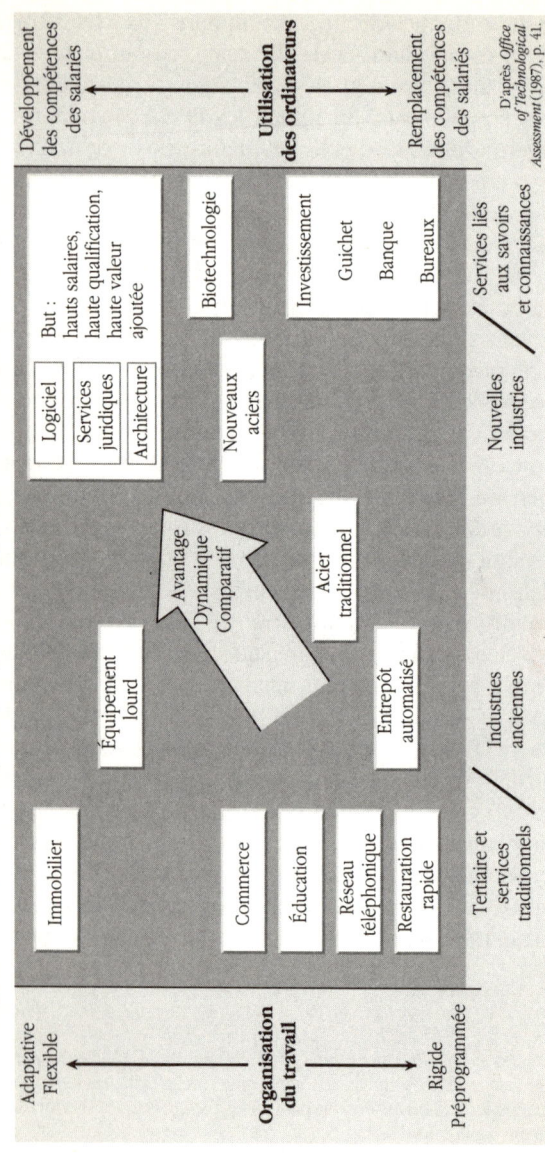

Figure 3 : Les nouveaux principes peuvent s'appliquer à l'industrie comme aux services

ment… tout en garantissant un point mort plus faible que dans les processus fordistes traditionnels.

Il convient de signaler pourtant deux ombres au tableau. Tout d'abord, la recherche de la qualité et la brièveté des délais de production, en réponse à la demande, ne sont pas sans conséquences sur le rythme de travail et sa répartition dans le temps : les remarquables performances économiques sont acquises, tout au moins au Japon, à travers une astreinte forte[17], ailleurs souvent par le stress[18]. En second lieu, si le renouvellement des modèles se fait trop rapide, le nombre des défauts peut croître et l'obsolescence des produits atteindra un niveau tel que le taux de rentabilité se mettra à baisser, même parmi les firmes les plus toyotiennes… ce qui souligne à nouveau la différence entre un régime transitoire où coexistent firmes appartenant à l'ancien et au nouveau modèle et le régime permanent où la concurrence opère entre firmes appartenant toutes à la nouvelle configuration. Mais ces deux limites ne sont pas une fatalité puisque d'autres entreprises allemandes ou suédoises ne butent pas sur les mêmes problèmes, tout en s'inspirant très largement des nouveaux principes.

Une large applicabilité, de l'industrie aux services modernes

À ce stade de l'analyse, il importe de répondre à une objection fréquente et apparemment pertinente : ce modèle sera-t-il général ? Ou, au contraire, ces nouveaux principes ne s'appliqueront-ils pas qu'à une fraction de plus en plus limitée des économies, en l'occur-

---

17. Ce point est fortement mis en avant par les syndicats japonais, ainsi que par les experts des relations du travail tels que H. Shimada.

18. C'est en effet la conclusion convergente d'études sur les *transplants* japonais en Amérique du Nord, même si parfois cette tension n'est pas perçue comme totalement négative par les salariés concernés.

rence les industries de montage, alors que les autres branches et plus encore les services s'organiseront selon des modèles tout à fait distincts ? Pourtant, l'objection est moins dévastatrice qu'il n'y paraît. Tout d'abord, un système productif n'implique pas par nature une stricte homogénéité de principes d'organisation, quels que soient le secteur ou l'entreprise : il organise plutôt les complémentarités entre principes divers dont l'un impose sa dynamique à l'ensemble du système. À l'époque fordiste, par exemple, le développement des services aux entreprises et aux ménages, loin d'être une exception au modèle, en était l'expression. *Mutatis mutandis,* il est probable qu'il en sera de même dans les nouveaux modèles puisque la compétitivité industrielle continue, semble-t-il, à régir une large part de la dynamique macro-économique nationale. Le maintien d'une forte hétérogénéité entre branches industrielles et services pourrait néanmoins être compatible avec l'affirmation progressive des nouveaux principes.

Mais l'on peut simultanément défendre une thèse quelque peu paradoxale : les principes postfordistes conduiraient en fait à retrouver une configuration déjà à l'œuvre dans un certain nombre de secteurs industriels, y compris à l'époque de l'âge d'or de la production de masse. Les industries de processus fournissent de longue date un exemple dans lequel une automatisation poussée a impliqué une optimisation globale des flux et un rapport salarial tout à fait atypique par rapport aux industries de montage[19]. De la même façon, l'industrie du bâtiment et des travaux publics a

---

19. Lire en particulier C. Du Tertre, *Technologie, flexibilité, emploi. Une approche sectorielle du posttaylorisme*, Paris, L'Harmattan, 1989 ; F. Vatin, *La Fluidité industrielle*, Paris, Méridiens-Klincksieck, 1987 ; ou un travail antérieur de B. Coriat, « Différenciation et segmentation de la force de travail dans les industries de process », dans colloque de Dourdan, *La Division du travail*, Paris, éditions Galilée.

développé des organisations compatibles avec une forte variabilité de la demande en volume et en composition, en particulier grâce à une polyvalence de la main-d'œuvre et des formes d'ajustement originales aux variations conjoncturelles[20]. Dans ces conditions, on pourrait donc soutenir que le toyotisme ou l'uddevallisme consistent à réinsérer, dans les industries de montages, des principes de production différenciée... de sorte qu'une certaine convergence des diverses branches de l'industrie manufacturière pourrait à terme se manifester.

Ce même raisonnement peut s'étendre pour la partie la plus moderne et dynamique des services aux particuliers et aux entreprises. Dans ces secteurs aussi, demande et production sont par définition synchrones, de même que la qualité des produits dépend crucialement de la qualification et du degré de motivation des salariés... qui sont autant de caractéristiques au cœur des nouveaux principes. On n'observe donc pas de dénivellation aussi fondamentale que ne le supposent les adeptes d'un postindustrialisme et d'une économie de service radicalement nouvelle. Faut-il le rappeler, la quasi-totalité des services aux entreprises ne font que délocaliser des fonctions qui autrefois étaient assurées au sein de la firme manufacturière : conception, ingénierie, étude de marché, assurance, publicité... Quant aux services aux ménages, ils ne sont pas tous du type de la coupe de coiffeur chère à Jean Fourastié et aux tenants d'une irréversible tertiarisation des économies, caractérisée donc par une tendance à la stagnation de la productivité : les services d'éducation, de santé, de transports et de loisirs tirent une part de leur efficacité de l'usage des techniques informatiques et de commu-

---

20. M. Campinos-Dubernet, «Productivité du travail et hétérogénéité sectorielle dans le BTP», dans *Le Travail en chantier. Emploi, qualification, technologie*, Paris, Plan Construction, 1983.

nication, largement communes avec l'industrie manufacturière[21].

Plus encore, certains analystes ont avancé que la trajectoire suivie par nombre de secteurs tertiaires était finalement parallèle à celle des secteurs manufacturiers (figure 3). D'un côté, les changements intervenant peuvent se lire par rapport à une opposition cardinale : les machines sont-elles conçues pour contrôler les travailleurs ou au contraire les opérateurs ont-ils suffisamment de compétences pour optimiser le fonctionnement d'équipements sophistiqués ? Ce passage du fordisme à l'uddevallisme trouve son équivalent dans la transition des services traditionnels vers les services basés sur la maîtrise de connaissances abstraites, à travers un système de logiciels et un réseau de communication. D'un autre côté, un passage équivalent s'opère des services traditionnels (commerce, restauration...) vers les services modernes et fortement évolutifs qui supposent une adaptation permanente, tels les services juridiques, les ateliers d'architecture, la confection de logiciels. Si l'on regroupe ces deux critères, industries manufacturières et services suivraient des voies plus parallèles que divergentes, nouvel argument en faveur de la généralité des nouveaux principes productifs.

Ces vues méritent sans nul doute d'être nuancées et complétées par de plus substantielles analyses qui sans doute insisteraient sur la persistance de notables hétérogénéités sectorielles ; elles suggèrent néanmoins d'ores et déjà que les changements en cours ne sont pas de simples accidents ou des phénomènes transitoires : ils désignent très vraisemblablement le difficile passage d'un paradigme productif à un autre. Cohérence, généralité, supériorité dans le contexte des années quatre-vingt et aptitudes à corriger les déséquilibres hérités du fordisme constituent autant de critères

---

21. P. Petit, *La Croissance tertiaire*, Paris, Économica, 1988.

en faveur de cette hypothèse. Il serait faux pourtant d'imaginer qu'un quelconque automatisme régit un processus aussi complexe de transformation, tant sont nombreuses les complémentarités et indivisibilités qui rattachent tout système productif à l'économie et à la société dans lesquelles il se développe.

5. Principes communs et diversités nationales

Marché ou État ? Le dilemme de la coordination

En effet, l'émergence d'un nouveau système productif suppose des mécanismes de coordination qui dépassent la simple agrégation de stratégies individuelles totalement indépendantes, mais qui d'autre part ne résultent pas aisément d'interventions publiques fortement centralisées. Ces mécanismes intermédiaires sont plus efficaces puisqu'ils parviennent à synchroniser des comportements individuels opérant dans des sphères qui autrement seraient déconnectées. En effet, le dilemme de la mise en œuvre des nouveaux principes met en péril les conceptions par trop sommaires du rôle respectif du marché ou de l'État.

Si, par exemple, une entreprise isolée décide d'adopter une stratégie de coopération et d'intéressement de ses salariés, dans le contexte d'un fordisme déclinant marqué par des relations professionnelles conflictuelles et par la recherche de gains monétaires rapides, la viabilité de cette stratégie risque d'être remise en cause par la prégnance des modes de coordination en vigueur[22]. Par exemple, insuffisance de la formation, généralisa-

---

22. Ce thème a été exploré par R. Boyer, A. Orléan, «Les transformations des conventions salariales entre théorie et histoire. D'Henry Ford au fordisme», *Revue économique*, vol. 42, n° 2, mars 1991, p. 233-272 et R. Boyer, A. Orléan, *op. cit.*

tion de comportements opportunistes de type passager clandestin et marchés financiers à court terme constituent alors autant d'obstacles à la transition vers le nouveau modèle[23]. De manière plus générale, des entreprises isolées, même de taille importante, s'avèrent incapables d'initier un processus structurel de changement des procédures de coordination. Le marché est efficace pour résoudre les problèmes d'allocation instantanée, il ne l'est pas pour surmonter les indivisibilités et complémentarités aussi bien dans l'espace (districts industriels) que dans le temps (longueur de la période nécessaire à l'apparition des bénéfices liés à la mise en œuvre des nouveaux principes).

Conventionnellement, l'État se voit souvent attribuer le rôle de compenser les failles du marché grâce à la taxation, la subvention, les réglementations ou encore les politiques industrielles et technologiques. À cet égard, dans nombre de pays européens et au Japon, l'implantation des méthodes fordiennes après la Seconde Guerre mondiale devait beaucoup aux interventions publiques (planification, entreprises nationalisées, subventions et crédits préférentiels). Ce type de synchronisation était finalement adéquat au modèle fordien, relativement centralisé, caractérisé par un mouvement de l'information et des décisions du haut vers le bas, et par un caractère fortement prescriptif de routines édictées par les hiérarchies d'entreprises et les administrations publiques. Mais l'expérience des deux dernières décennies suggère que ces formes d'interventions, souvent regroupées sous le nom de politiques industrielles, ont connu des limites de plus en plus évidentes, du fait de la vigueur de la compétition internationale et de la nouveauté des problèmes à résoudre sous l'impulsion des systèmes technologiques en voie d'émergence.

---

23. On aura reconnu l'un des thèmes du rapport MIT concernant les difficultés contemporaines de l'industrie manufacturière américaine.

Les nouveaux principes productifs appellent des interventions publiques originales

En bref, c'est une articulation État-économie tout à fait particulière qui a favorisé la diffusion des systèmes productifs fordiens : fortes subventions aux entreprises, constitution d'infrastructures de transport, politique du crédit favorable à l'investissement, rôle des dépenses publiques dans la régularisation des fluctuations conjoncturelles[24]. Mais lorsque le mode de développement fordiste s'est progressivement grippé, d'abord aux États-Unis puis, par extension, dans le reste des grands pays industrialisés, la poursuite de ce type d'interventions n'a permis de retrouver ni les rythmes de croissance antérieurs, ni en général de favoriser l'émergence d'un système productif postfordiste. Si l'État accompagnait et parfois avait impulsé le mode de régulation en vigueur, il ne le créait pas de toutes pièces, indépendamment des compromis institutionnalisés noués, par exemple, entre les salariés et les directions d'entreprises. *A contrario,* lorsque la croissance forte cède la place à une quasi-stagnation et à de grandes instabilités financières, les outils qui permettaient de piloter les transformations technologiques perdent beaucoup de leur influence : déficit budgétaire limitant l'accroissement des dépenses, taux d'intérêt réel particulièrement élevé, tendance à soutenir les industries du passé plus que celles de l'avenir.

Avant de proposer une typologie des différentes réactions nationales, il peut être intéressant de dresser la liste des infrastructures et interventions publiques que les nouveaux principes productifs appellent, afin d'atteindre leur pleine cohérence et efficacité (figure 4).

---

24. Pour plus de précision, lire R. Delorme et A. André, *L'État et l'économie,* Paris, Seuil, 1983.

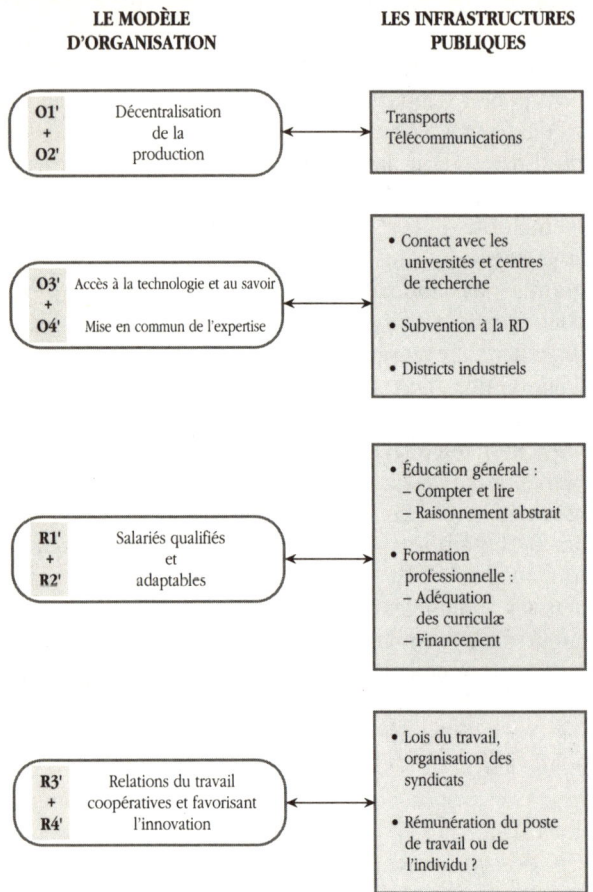

Figure 4 : Le nouveau modèle productif appelle des interventions et des infrastructures publiques adéquates

Depuis la première révolution industrielle, l'abaissement des coûts de transport et de communication a été un vecteur essentiel dans la constitution des marchés, leur extension et par conséquent l'obtention des rendements d'échelle associés à une division du travail plus poussée. La période fordiste n'a pas fait exception à cette règle, puisque la constitution d'un réseau autoroutier, la modernisation des transports maritimes puis l'émergence des transports aériens ont suscité une extension sans précédent des marchés. Il se trouve que dans un certain nombre de pays de l'OCDE, en particulier aux États-Unis, la crise fiscale de l'État associée à la rupture de la croissance fordiste a correspondu à un arrêt de divers programmes d'investissements publics en la matière, ce qui, deux décennies plus tard, finit par se traduire par une perte de compétitivité, y compris des entreprises les plus performantes. Or, dans le nouveau modèle d'organisation, une décentralisation accrue de la production suppose tout à la fois un essaimage des divers établissements, mais leur mise en relation à travers un système efficace de transports et d'échange d'informations. Si donc une région ou un pays a négligé de développer ses infrastructures, il est particulièrement difficile d'établir le nouveau modèle... comme en témoigne par exemple l'ancienne Allemagne de l'Est dans les années quatre-vingt-dix.

Mais il est un second facteur plus original car propre au modèle en voie d'émergence : l'accès à la technologie, au savoir et au savoir-faire, constitue beaucoup plus que par le passé l'un des vecteurs de la compétitivité, qui ne passe plus simplement par l'acquisition d'équipements et par leur mise en œuvre. Pour un nombre croissant d'industries, le contact avec la recherche fondamentale et appliquée est à l'origine d'un renouvellement permanent des produits et des processus, selon un rythme beaucoup plus accéléré que sous le fordisme. Les industries de l'électronique, de la pharmacie et de la biologie constituent de bons exemples d'une articulation nouvelle entre la dynamique des firmes et l'évolution du système de recherche et de l'université. Les opérations de partenariat et de réseau l'emportent alors sur l'intégration verticale, ce qui crée une interdépendance forte entre les secteurs privé et public. De façon plus précise, les politiques d'encouragement de la RD, ou encore les incitations fiscales à la constitution de technopoles constituent alors des moyens clés d'intervention publique. On peut penser qu'elles sont constitutives du nouveau modèle.

Qu'à la polarisation des qualifications propres au fordisme succède une distribution plus égalitaire des compétences n'est pas sans conséquence sur l'organisation et sur la finalité des systèmes éducatifs. Dans les années soixante, certains industriels conservaient encore la croyance originelle de Taylor selon laquelle les tâches industrielles devaient être décomposées et simplifiées au point de réduire au maximum le temps d'apprentissage et le savoir, voire rendre ce dernier inutile. Au début des années quatre-vingt-dix, une telle vision n'a plus cours, car la demande de travail non qualifié n'a cessé de se contracter en termes relatifs et même absolus, et la maîtrise des processus productifs appelle un minimum de connaissances, y compris abstraites. Les firmes se plaignent du manque de main-d'œuvre qualifiée, tout particulièrement dans les pays où la formation professionnelle est laissée à l'initiative des entreprises et des individus. Dans des pays tels que les États-Unis ou le Royaume-Uni, les firmes se livrent à une surenchère concernant la main-d'œuvre qualifiée, insuffisante en nombre : elles n'incitent pas individuellement à développer la formation interne, tant est grande la mobilité externe. C'est une invitation à prolonger les méthodes fordiennes qui exigent de moindres qualifications de la part des opérateurs. *A contrario*, lorsqu'en Suède ou en Allemagne de puissantes institutions organisent la formation et la requalification de la main-d'œuvre, la probabilité d'insertion dans le nouveau modèle s'en trouve plus forte. Dans ces conditions, l'éducation générale, la qualité des cursus d'apprentissage, la nature des relations entre formation professionnelle et dynamique des firmes constituent autant de conditions nécessaires à la diffusion des nouveaux principes productifs. Il se pourrait même qu'éducation et formation professionnelle soient les premiers à déterminer l'aptitude des pays à promouvoir une croissance cumulative. Il n'est dès lors pas surprenant que les bons élèves du nouveau modèle, à savoir le Japon, l'Allemagne et la Suède, disposent aussi de systèmes éducatifs performants... et *a contrario* que des dysfonctionnements croissants du système éducatif aux États-Unis aillent de pair avec une incapacité persistante à abandonner une logique fordiste.

Enfin, la nature des relations professionnelles entretient des liens étroits avec la capacité d'implantation et de diffusion du nouveau paradigme productif. À un extrême, on l'a déjà souligné, si le contrat salarial s'appuie sur une définition extrêmement précise des tâches et si les négociations sont balkanisées selon les métiers, les entreprises et les régions, cet obstacle majeur au fordisme (le Royaume-Uni après la Seconde Guerre mondiale) est plus encore un frein à l'épanouissement de la coopération, à la polyvalence et à l'amélioration continue de la productivité et de la qualité (les États-Unis contemporains). À un autre extrême, l'idéal type du nouveau contrat salarial vise à une malléabilité complète des tâches, pourvu que soit garantie de façon stable une relation à la grande entreprise (le Japon) ou à l'économie tout entière, grâce au maintien du plein emploi (la Suède). Un cas intermédiaire est celui de l'Allemagne, pays dans lequel les institutions de l'économie sociale de marché permettent une négo-

Tableau 1 : Généralité des principes mais diversité et inégalité dans leur mise en œuvre

Caractéristiques \ Pays	Allemagne	États-Unis	France	Japon	Suède
Principes					
P1 : Optimisation globale des facteurs de production	+ Relativement bonne, mais un certain conservatisme	− Génée par une inertie fordiste mais réussie par les *transplants* japonais	− Reconnue mais difficile à mettre en œuvre	++ Poussée et générale (économie en capital, stock, mat. premières)	+ Présente et fréquente (cas d'Uddevalla exemplaire)
P2 : Intégration de la sn. production et vente	0 Suit l'ancien modèle à quelques exceptions	0 Difficile en dépit de succès isolés	− Des efforts mais un retard dans l'organisation	++ À la pointe des avancées (réduction du temps et du coût de conception)	++ Grand dynamisme de l'innovation de procédé et de produit
P3 : Intégration producteurs-utilisateurs et diversification	+ Significative, spécialement pour les biens d'équipement	− Assez faible, par exemple pour les biens d'équipement	− Faible et réduite : échec de l'industrie de l'équipement	+ Importante pour les biens durables et d'équipement	+ Relativement limitée du fait de marchés extérieurs dispersés
P4 : Haute qualité à bas prix	0 Grande qualité mais pas d'avantages de coûts évidents	− Faible qualité, bien qu'en progrès et coûts peu compétitifs	− Des efforts récents mais encore limités	++ Un trait essentiel du modèle de gestion	0 Qualité du service mais surcoût lié à la diversification
Organisation					
O1 : Versatilité de la production vis-à-vis de la demande	+ Moyenne en conformité avec le modèle antérieur	− Lente et difficile adaptation dans les industries mûres, présente dans celles de haute technologie	− Traditionnellement faible	++ Importante, forte réactivité en volume et composition de la demande	+ Présente mais pas très forte
O2 : Décentralisation des décisions de production	+ Responsabilité significative pour les ouvriers qualifiés mais centralisation de la stratégie	− Forte centralisation, en dépit des succès des *transplants* japonais	− Forte centralisation dans les grandes firmes	+ Significative à défaut de générale, car tendances contradictoires	+ Multiplication d'expériences originales de Kalmar à Uddevalla
O3 : Coordination horizontale par réseaux et partenariat	+ Significative au niveau régional	− Traditionnellement interdite par les lois antitrust, bien qu'atténuées	− En voie d'émergence mais encore faible	++ Très développée (districts industriels, MITI, *Kanban*)	+ Présente dans l'atelier et au niveau de la région
O4 : Contractualisation longue de la coopération et de la sous-traitance	+ Rôle de la mobilité professionnelle	− Interdiction par les lois anti-trust	− De façon embryonnaire, par exemple dans l'automobile	+ En vigueur pour les sous-traitants de premier rang	0 Pas claire

Tableau 2 : Généralité des principes mais diversité et inégalité dans leur mise en œuvre
Relation salariale et insertion dans le régime de croissance

Caractéristiques \ Pays	Allemagne	États-Unis	France	Japon	Suède
Relation salariale					
R1* : Recomposition des tâches de production, maintenance et programmation	+ Présente mais probablement peu diffusée	– Assez difficile, en dépit des *transplants* japonais et du travail en équipe	– Difficile compte tenu des barrières hiérarchiques	++ Très significative et relativement diffusée	+ Champ actif d'expériences renouvelées
R2* : Synergie entre éducation générale et formation professionnelle	++ Système dual combinant formation générale et apprentissage	– – L'une des plus médiocres performances des pays de l'OCDE	0 Performance bonne de l'éducation, médiocre pour la formation	+ Formation par la production dans les grandes firmes, qualité de l'éducation	++ Rôle actif des autorités publiques dans l'amélioration des qualifications
R3* : Compétence et attachement des salariés à l'entreprise	+ Clairs pour les salariés les plus qualifiés	– Une tradition de relations conflictuelle et de contrôle par les incitations financières	0 Préoccupation majeure mais retard des pratiques	++ Traditionnellement importants, adhésion forte à l'entreprise	+ En réponse à l'absentéisme et la rotation de la main-d'œuvre
R4* : Compromis à long terme : compétence et loyauté versus emploi et hauts salaires	++ Négociations actives sur les technologies ; la durée du travail, le salaire et la formation	0 Présent dans les grandes entreprises mais déstabilisé par les marchés financiers	0 Présent dans les grandes entreprises mais plus au niveau national	+ Largement implicite, couvrant les grandes entreprises	++ Compromis fort en faveur du plein emploi mais rupture en 1990
Nature du modèle productif et insertion dans le régime de croissance	**Une variante originale** · Production de longue ou moyenne série de biens compétitifs par la qualité ·	**Nostalgie fordiste** · De l'inconvénient d'avoir été l'industrie phare dans le passé : une inadéquation des institutions au nouveau régime ·	**Inertie culturelle et fordisme** · Du danger d'être un trop bon élève du fordisme américain et une excessive division entre travail manuel et intellectuel ·	**Toyotisme et sonyisme** · Production de masse de biens différenciés et de qualité ·	**Volvoïsme** · Production de séries moyennes de biens différenciés, occupant des niches du marché ·
Indice de proximité par rapport aux nouveaux principes*	0,50	– 0,50	– 0,375	0,80	0,54

* Cet indice est obtenu en additionnant l'ensemble des plus et des moins correspondant à chaque pays (tableaux 1 et 2) puis en divisant par le score maximum (12 x 2 = 24). Est ainsi obtenu un indice variant entre 1, si la conformité aux nouveaux principes est totale et – 1 si continuent à prévaloir les principes fordiens. Cette mesure est éminemment fragile mais illustrative. Elle appelle des chiffrements plus rigoureux.

ciation permanente des salaires, des conditions de travail, de l'introduction des nouvelles technologies, mais aussi des qualifications. Tout comme dans les modèles productifs précédents, on peut prévoir que la configuration du rapport salarial sera l'une des clés de l'accession au nouveau paradigme productif. Ainsi, le surprenant succès des transplants japonais à l'étranger a souvent pour condition une extrême sélection de la main-d'œuvre et la recherche d'un rapport salarial original qui rende compatibles les exigences de continuité, de qualité et de productivité avec les attentes des salariés, en général façonnées par les conventions et institutions nationales régissant le marché du travail.

De ces quelques réflexions, il ressort que l'abstraction du modèle productif est susceptible de trouver une multitude de configurations selon la nature des interventions étatiques, la plus ou moins grande prégnance du modèle antérieur, le type d'insertion dans l'économie internationale et bien d'autres facteurs encore. Il est temps de proposer une typologie des principales configurations observées au cours des années quatre-vingt. Dans ce but, une série de monographies nationales ont été mobilisées en vue de vérifier le degré d'adhésion aux objectifs du nouveau paradigme, la proximité par rapport à la configuration organisationnelle idéale (tableau 1, p. 56), enfin la relation salariale et le type exact de modèle productif (tableau 2, p. 57). La méthodologie utilisée est sans doute fragile, elle n'en est pas moins éclairante car elle livre une caractérisation en accord avec nombre d'autres recherches.

États-Unis et France… ou le charme discret de la nostalgie fordiste

Il faut le rappeler, le processus de cheminement d'un modèle à un autre n'est régi par aucun automatisme qui garantirait la convergence finale de chaque économie vers le nouveau système, tant il est supérieur pour l'économie considérée dans son ensemble. Le drame est précisément que, dans certaines sociétés, la faiblesse ou l'inadéquation des procédures de coordination rendent cette transition lente, difficile, incertaine et trop tardive par rapport aux contraintes que fait peser l'internationalisation de la production.

Les États-Unis, pour avoir été les initiateurs et les propagandistes du fordisme, éprouvent d'extraordinaires difficultés à progresser vers les nouveaux principes. Il est par exemple significatif que, aussi bien en termes de principes que d'organisation, les États-Unis enregistrent la plus grande distance par rapport à l'idéal du paradigme en voie d'émergence. Tous les facteurs précédemment analysés jouent ici en faveur de la prolongation du fordisme : détérioration des infrastructures urbaines et de transport, force des universités mais médiocre qualité de l'enseignement secondaire, distorsion de l'innovation par les grands programmes militaires sans grandes retombées sur la production de masse, faiblesse extrême de la formation professionnelle, inertie des relations professionnelles dans un contexte de fort déclin syndical.

D'autres facteurs encore expliquent cet extrême retard américain. Tout d'abord, les marchés financiers ont privilégié le rendement de court terme, d'autant que se sont multipliés les instruments nouveaux permettant un développement de la spéculation. Or il faut se souvenir que le modèle toyotien suppose une optimisation longue du rendement financier des firmes, car il est bâti sur la cumulativité d'effets d'apprentissage et d'investissements massifs, relativement insensibles à la conjoncture courte. Ensuite, aux États-Unis, l'hétérogénéité des législations des États et, corrélativement, la relative faiblesse du gouvernement fédéral rendent difficile, en temps de paix, le lancement de grands pro-

Figure 5 : Équivalence fonctionnelle entre systèmes productifs : l'exemple de la formation

BUT : Promouvoir une qualification ascendante

Configuration	JAPON	ALLEMAGNE	SUÈDE
NATURE DE LA FORMATION	Apprentissage des routines et des techniques	Théorique et pratique	Technique et théorique
LIEU / CONSÉQUENCE SUR LE SALAIRE	Dans la grande entreprise. Carrière salariale à l'ancienneté	Alternance entreprise/système éducatif. La formation ouvre une carrière salariale complète	Instituts publics, souvent régionaux. *Directe* : faible car différentiels de salaires réduits. *Indirecte* : en consolidant une économie à haute valeur ajoutée, donc salaires élevés
MOBILITÉ/IMMOBILITÉ	Non-transférabilité hors de l'entreprise, donc stabilité de l'emploi	Faible mobilité dans les grandes entreprises, mais forte mobilité potentielle entre PMI	Collectivement organisée par les instituts publics gérant emploi, formation et indemnités de chômage
RÔLE DU MARCHÉ DU TRAVAIL	La segmentation renforce l'interaction entre stabilité de l'emploi et investissement spécifique dans la grande entreprise	Création d'un marché professionnel pour les salariés qualifiés	Indirecte à travers l'influence sur les négociations collectives
INTERVENTION DE L'ÉTAT	Nulle ou minimale dans la formation professionnelle, fondamentale dans l'éducation générale	Assez indirecte, *via* des incitations et aides publiques	Fondamentale en termes institutionnels et financiers (politique active de l'emploi)
FORCES	Apprentissage rapide et bonne adaptabilité au changement technique. Pression à l'innovation de produit et à la diversification	La qualification fait la qualité des grilles salariales. Possibilité de révision des grilles salariales	Blocage des flexibilités défensives (bas salaires, faibles qualifications). Incitation à l'innovation
ET	Mobilité difficile en cas de dépression	Érosion sous l'impact de la montée des cursus universitaires. Difficulté face à l'innovation radicale et de produit	L'érosion du différentiel de salaire joue contre l'industrie. Le quasi-plein emploi contribue à faire éclater le compromis salarial
FAIBLESSES	Hiatus par rapport aux aspirations des nouvelles générations		

Figure 6 : Quatre méthodes pour surmonter ou non l'inertie fordienne

STRATÉGIE	FORCES	FAIBLESSES
1. Suivre le marché	Efficace pour les innovations locales et divisibles	Incapable de surmonter les indivisibilités et externalités propres à l'ancien système productif
2. Copier des composantes des modèles les plus efficaces	Apparement simple : « la même cause produit les mêmes effets »	Absence de compatibilité avec les autres composantes de l'ancien système productif
3. Renforcer ses points forts	Mobilise le réseau des conventions et institutions en vigueur	Pas de garantie que la solution autochtone soit aussi efficace que le modèle dominant
4. Procéder par hybridation	Les précédents historiques : exemple du toyotisme	Difficulté de mise en œuvre : essais et erreurs sans garantie de succès

grammes concernant l'éducation, la formation, les infrastructures, etc. De plus, l'éclatement des fonctions de l'État en une myriade d'agences chargées de mettre en œuvre des réglementations sectorielles ne favorise pas la synchronisation d'interventions dépassant le strict intérêt des groupes de pression concernés.

Mais il est une malédiction cachée : avoir été l'inventeur de la production et de la consommation de masse et explorer les frontières de l'innovation technologique n'aident pas à comprendre que des concurrents peuvent avoir inventé des formes alternatives, devenues plus efficaces. On s'en souvient, l'Angleterre ne semble s'être jamais remise d'avoir été la première nation industrielle : son incapacité à adopter les modèles ultérieurs est une des causes de la longue crise économique britannique. Toute proportion gardée, et bien que les forces du marché y conservent beaucoup de vigueur, les États-Unis pourraient suivre ce même chemin. Enfin, la taille continentale de l'économie américaine, son peu de compétition avec les pays étrangers, ont conduit à développer des formes institutionnelles et une tradition d'interventions difficilement compatible avec une ouverture croissante aux échanges, à l'investissement étranger et même aux brevets venus d'ailleurs.

On note en effet *a contrario* que les petites économies ouvertes telles que les économies scandinaves ont de longue date développé un système productif plus proche du nouveau paradigme, car nombre de compromis institutionnels ont été négociés afin de préserver la compétitivité à court comme à long terme. C'est loin d'être le cas pour les États-Unis qui ont découvert, il y a moins de dix ans, la difficile – bien que partielle – discipline de la concurrence extérieure. Les velléités protectionnistes sont dans ce contexte une méthode qui favorise plus la poursuite d'une nostalgie

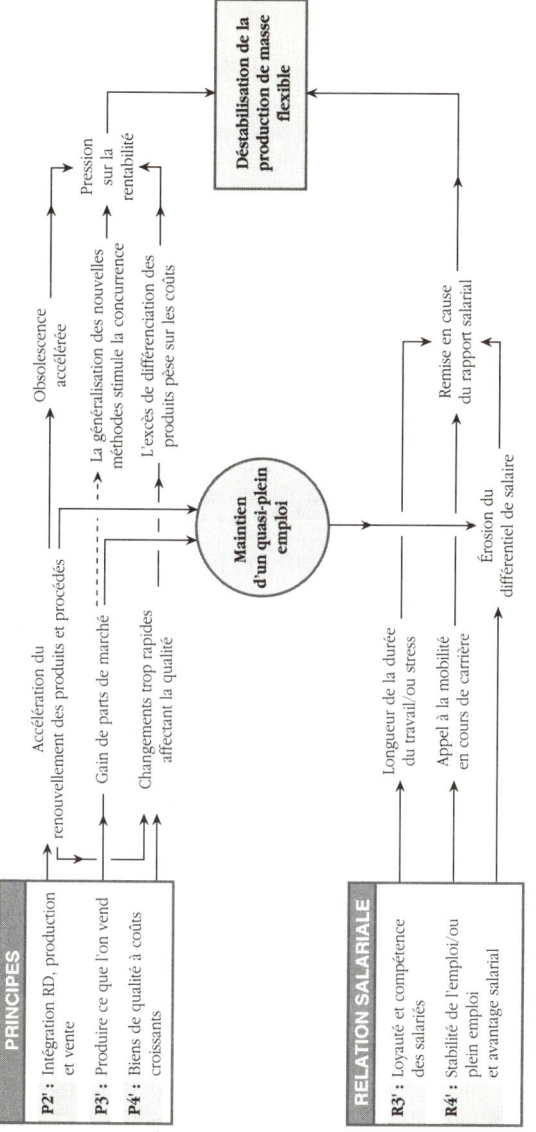

Figure 7 : Les facteurs d'une crise structurelle du modèle de production de masse flexible

fordiste qu'elles ne seraient le signal d'une stratégie offensive d'adoption du nouveau modèle[25].

Ce quasi-blocage d'une transition rapide vers un nouveau paradigme ne résulte plus, dans les années quatre-vingt-dix, d'une méconnaissance des principes : d'une façon ou d'une autre, souvent de façon parcellaire et monomaniaque, on retrouve la plupart des douze composantes du nouveau paradigme dans un grand nombre d'articles, dans les revues de gestion, les ouvrages académiques, les rapports officiels. De même, certaines entreprises américaines ont connu le succès dans la mise en œuvre de ces principes et peuvent rivaliser avec les plus performantes des entreprises japonaises et allemandes. Le cœur du problème américain est que ces innovations ne font pas école, ne se diffusent pas ou fort lentement. N'est-il pas significatif à cet égard que le projet Saturn de General Motors, après une série d'essais et d'erreurs, semble avoir livré un modèle d'organisation original qui rivalise avec les transplants japonais ? Et pourtant, ce succès semble avoir déstabilisé les autres divisions de General Motors, de sorte qu'il n'est pas sûr que la direction générale favorise la croissance de cette usine et la diffusion de ces nouvelles méthodes, tant les besoins financiers sont pressants dans une conjoncture récessive.

L'exemple américain n'est pas isolé puisque l'économie française a enregistré des difficultés tout aussi importantes au cours des deux dernières décennies. L'indicateur synthétique d'adhésion au nouveau modèle pointe clairement en direction d'une forte inertie fordiste. Les firmes françaises avaient été de si bonnes élèves des méthodes américaines qu'il fut difficile pour leur direc-

---

25. Les mesures protectionnistes ne semblent pas avoir beaucoup aidé l'industrie automobile américaine à se restructurer efficacement, de même que nombre d'autres secteurs. La sidérurgie fait pourtant exception : après un long cheminement, elle semble avoir retrouvé sa compétitivité, fût-ce au prix d'une considérable réduction de ses effectifs.

tion de prendre conscience des limites d'un modèle qui avait livré une modernisation sans précédent des structures productives de l'Hexagone. Il ressort que, parmi les pays européens, ce pays a été le plus tardif à prendre conscience de la rupture de la dynamique fordiste à l'échelle internationale et du caractère de plus en plus inefficace des conceptions fordiennes. Par exemple, l'introduction des technologies de l'information a rarement été utilisée en vue de décentraliser la production, mieux répartir les responsabilités et relever la qualification des salariés[26]. Bien au contraire, cette nouvelle génération d'innovations a souvent servi à consolider l'équivalent d'un néo-fordisme : concevoir des équipements sophistiqués pour contrôler les travailleurs et non l'inverse[27].

Cette inertie est elle-même explicable par nombre de traits spécifiques à l'économie et la société françaises. Le rôle majeur de l'État central dans le processus d'industrialisation rend *a priori* difficile l'insertion dans une production de masse différenciée, orientée vers la satisfaction des consommateurs : les forces de l'industrie française résident toujours dans les secteurs alimentés par les commandes publiques (télécommunications, centrales nucléaires, armement...)[28]. De même, les relations du travail conflictuelles et la focalisation

---

26. P. d'Iribarne, « Nouvelles technologies et nouveaux modes d'organisation : le cas français », à paraître dans OCDE, *Technological Change as a Social Process : Society, Enterprises and the individual,* Paris, OCDE, 1991 ; P. Veltz, « Déstabilisation et résistance du taylorisme », *in Vers un nouveau modèle productif ? op. cit.*

27. Il ressort qu'en France, le néo-fordisme soit plus à l'ordre du jour que le postfordisme comme le soulignent J.-P. Durand dans la seconde partie de cet ouvrage ainsi que M. Freyssenet, « Deux scénarios en un », art. cité.

28. Élie Cohen, *Le Colbertisme « high tech ». Économie des Télécom et du grand projet,* Paris, Hachette, 1992 ; du même auteur, *L'État brancardier : politique du déclin industriel, 1974-1984,* Paris, Calmann-Lévy, 1989.

sur le salaire comme objectif premier des revendications ne rendent pas aisée la négociation du contrat salarial uddevallien ou toyotien. De plus, la forte dichotomie entre le système éducatif général et l'enseignement technique tend à privilégier le savoir par rapport au savoir-faire et donc à induire une césure presque infranchissable entre les carrières ouvrières et celles d'encadrement. Enfin, les méthodes de gestion fordiennes se sont diffusées au point d'être un obstacle à l'adhésion au nouveau modèle, qu'il s'agisse du système comptable tourné vers l'analyse des temps opératoires et des coûts unitaires[29] ou encore de la disparition d'un tissu de PMI dynamiques et innovatrices, partiellement sous l'impact des politiques de sous-traitance des grands groupes.

Et pourtant, nombre de rapports officiels ont clairement pointé la nécessité d'un changement de modèle industriel[30]... sans beaucoup d'effet, tant les forces systémiques négatives hypothèquent la diffusion spontanée de l'équivalent français d'un modèle suédois ou japonais. Si tous les pays et toutes les entreprises cherchent à s'intégrer dans le nouveau paradigme, le succès n'est pas pour autant garanti, car les institutions et formes d'organisation héritées de la phase antérieure continuent à filtrer et canaliser les stratégies de recomposition productive.

Originalité des modèles allemand et suédois

Pour certains analystes, *a contrario,* le paradigme productif en voie d'émergence est essentiellement, si ce

---

29. C. Midler, « Les concepts au concret. Réflexion sur les liens entre systèmes techniques et systèmes de gestion dans l'industrie automobile », dans R. Salais et L. Thevenot, *Le Travail, règles, conventions,* Paris, Économica, 1986.

30. F. Dalle, J. Bounine, *Pour développer l'emploi,* Paris, Masson, 1987 ; F. Irion (dir.), *L'Usine du futur,* Paris, La Documentation française, 1990.

n'est exclusivement, japonais, car il serait lié à des procédures de coordination et systèmes de valeurs originaux qui ne se retrouveraient que dans l'archipel nippon. La recherche comparative sous revue livre une analyse différente : s'il est exact que les firmes japonaises sont aux avant-postes de l'exploration de ce paradigme, leurs homologues allemands et suédois enregistrent des performances tout à fait significatives, à défaut d'être totalement équivalentes (tableau 1, p. 56). Des mêmes principes généraux identiques donneraient ainsi lieu à une certaine variété de configurations nationales, de sorte qu'il n'y aurait pas une *one best way* comme dans la tradition fordienne, mais une pluralité d'organisations possibles, compte tenu des traditions nationales du type de spécialisation, du degré d'insertion dans l'économie internationale, du plus ou moins grand rôle de l'État ou des associations et formes d'organisations intermédiaires.

Il n'est sans doute pas surprenant que le Japon enregistre la plus grande proximité par rapport à l'idéal du nouveau modèle. Tout d'abord, les objectifs d'optimisation de la productivité globale, de continuité des flux productifs et d'intégration la plus poussée possible de la conception, de la production et de la vente sont au cœur du modèle théorisé par les successeurs contemporains de Taylor et Ford[31]. Mais – c'est leur originalité par rapport à la France et aux États-Unis –, ces théorisations et préceptes synthétisent une approche pragmatique basée sur l'expérience et sur une série d'essais et d'erreurs : ce sont des pratiques préexistantes qui sont en quête de justification et non pas des mots d'ordre volontaristes, destinés à vaincre l'inertie fordienne. L'organisation elle-même constitue une assez bonne approximation des exigences de l'idéal type :

---

31. T. Ohno, *L'Esprit Toyota,* Paris, Masson, 1989, traduction de l'édition japonaise, 1978.

forte présence de la demande dans la production, délégation d'une partie des tâches de la gestion de l'atelier, organisation en réseau et quasi-intégration verticale avec les sous-traitants.

Il faut cependant souligner qu'autour de ces caractéristiques générales, les différents secteurs manifestent de notables différenciations, et qu'au sein même de la branche automobile, par exemple, les diverses firmes insistent plus ou moins sur l'un ou l'autre des traits du modèle. Il faut rappeler que le modèle Toyota semble avoir affirmé sa supériorité, surtout dans les industries de montage de type automobile et électronique grand public. *A contrario,* les secteurs de la chimie, de la pharmacie ou encore de l'aéronautique ne manifestent pas une supériorité équivalente. L'avenir dira si cela tient au caractère encore embryonnaire des stratégies déployées dans ces secteurs ou si cela dérive de l'hétérogénéité sectorielle du modèle d'organisation le plus efficace.

La coexistence de sous-modèles organisationnels fait partie de la capacité d'adaptation d'un système productif à des aléas et surtout à des chocs de structure sans précédent. Par exemple, Nissan n'est pas Toyota, au sens où les principes fordiens étaient traditionnellement plus présents dans la première que dans la seconde, de même que Sony a tenté de copier certains des traits de l'organisation américaine. Enfin, si la relation salariale est caractérisée par une notable flexibilité interne et une mobilité organisée, elle varie aussi de façon significative selon les entreprises dans l'exact dosage de la gestion et de la formation du personnel et des formules salariales. Néanmoins, le contraste est fort par rapport au contrat salarial fordiste typique, ce qui ressort d'une comparaison terme à terme d'entreprises américaines et japonaises appartenant au même secteur.

▼▼▼

Ainsi, le toyotisme met en œuvre une production de masse de biens différenciés et de qualité à des coûts compétitifs et fortement décroissants dans les secteurs nouveaux. Pour sa part, l'Allemagne se caractérise par un système voisin qui vise à la qualité et à la versatilité mais pas nécessairement à la cumulativité d'une production de masse typique. En effet, la trajectoire originale d'industrialisation suivie par ce pays continue à façonner le type d'adhésion aux nouveaux principes... qui, en un sens, s'inscrivent dans la continuité d'une proto-industrialisation et de l'accent mis sur la formation des qualifications. C'est peut-être la relation salariale qui manifeste la plus grande proximité par rapport à la configuration typique du nouveau modèle (tableau 2, page 57). En effet, les ouvriers qualifiés bénéficient d'une carrière salariale qui peut les mener jusqu'à des postes de responsabilité. Le système dual de formation réalise une synthèse originale entre une formation technique générale et un apprentissage dans l'entreprise, alors qu'un dense réseau d'institutions de représentation des salariés permet la négociation de compromis avantageux à long terme, couvrant les salaires, l'organisation de la production, la durée du travail et même les qualifications.

D'un point de vue théorique, il est important de souligner que le maintien d'une très bonne compétitivité tout au long des années soixante-dix et quatre-vingt, n'a pas du tout été associé à une japonisation des firmes allemandes, sauf exception (par exemple chez Volkswagen). Ce phénomène peut être marginalement présent, il ne constitue pas l'essence du modèle allemand : des institutions originales définissent une configuration qui est fonctionnellement équivalente à celle du toyotisme, mais dont la plupart des traits sont différents. Rôle d'un fort syndicat indépendant et non pas d'une série de syndicats spécifiques à chaque firme, représentation des syndicats dans les organismes de gestion, négociation des salaires au niveau sectoriel et non pas au niveau de l'établissement ou de la firme, marché professionnel des qualifications livrées par système dual, et mobilité des salariés par opposition au marché interne et à la relative immobilité au sein des grandes entreprises : autant de différences structurelles qui montrent que le modèle allemand n'est pas une variante, encore moins une décalcomanie du toyotisme.

C'est par une combinaison originale des institutions issues de la Seconde Guerre mondiale – et non par l'importation de telle ou telle composante du modèle japonais (*kanban*, juste-à-temps, cercle de qualité, partage des bénéfices, etc.) – que sont obtenues la capacité de réponse aux aléas, l'adaptation aux exigences changeantes du marché international et la mise en œuvre des nouvelles technologies. Au demeurant, ceci explique que les deux modèles n'aient pas exactement les mêmes propriétés. Par exemple, les firmes japonaises ont été plus efficaces dans la relance de la consommation de masse par des produits nouveaux que ne l'ont été leurs homologues allemands, dont la spécialisation est plus statique et repose par exemple sur l'aptitude à produire des biens d'équipement adaptés aux besoins, fiables et soutenus par un service après-vente efficace.

L'exemple de la Suède vient confirmer l'hypothèse selon laquelle une pluralité de configurations productives peut exister, s'inscrivant dans le nouveau paradigme. À bien des égards, les données institutionnelles des économies scandinaves sont voisines de celles de l'Allemagne, concernant par exemple le rôle et l'importance de syndicats forts, la variété des champs couverts par la négociation collective, l'intégration de l'impératif de compétitivité dans les négociations salariales, la large acceptation du changement technique comme moyen de promouvoir l'amélioration des niveaux de vie et le maintien de l'emploi, l'importance accordée à la qualité et la différenciation des produits... Il n'est dès lors pas surprenant qu'elle soit, autant que l'Allemagne, proche du nouveau modèle (tableau 2, p. 57).

Par contre, les deux modèles productifs ne sont pas superposables, comme le montre l'organisation de la production des qualifications (figure 6). Ce qui en Allemagne est confié à la négociation des partenaires sociaux est en Suède organisé par les instances régionales ou nationales qui gèrent de façon intégrée les restructurations, les allocations chômage, la formation et la requalification et même le placement de la main-d'œuvre dans de nouveaux emplois. Dans l'un et l'autre cas, ces institutions incitent à une flexibilité offensive visant à un relèvement permanent des qualifications, mais elles sont loin d'être identiques. À nouveau, on retrouve une idée importante : pour être viable, un système productif se doit d'être cohérent avec les institutions et formes d'organisations régissant le reste de la société.

Au-delà des apparences trompeuses (le modèle social démocrate serait maintenant entré en crise car il aurait bloqué la progression de la productivité et la modernisation industrielle), il est frappant de constater qu'au contraire c'est dans ce pays que les efforts d'humanisation du travail ont été les plus précoces. Il se pourrait même paradoxalement que l'expérience d'Uddevalla constitue non seulement une alternative au toyotisme mais peut-être son dépassement : abandon complet de la chaîne de montage, polyvalence maximale de la main-d'œuvre en fonction des capacités cognitives de mémorisation d'un ensemble de tâches complexes, degré modéré d'automatisation, extrême attention accordée aux motivations et attentes des opérateurs. Faut-il dès lors s'étonner que certaines entreprises japonaises envisagent aujourd'hui des programmes plus proches du modèle scandinave que de l'amendement à la marge du modèle toyotiste ? Une configuration qui hier semblait dominée par le toyotisme peut retrouver intérêt et avenir dès lors que le contexte change (par exemple, la pénurie de main-d'œuvre acceptant de travailler dans les usines les plus modernes[32]).

Dans les années quatre-vingt-dix comme dans la longue période, les modèles productifs sont donc marqués par une historicité forte. C'est ce qu'oublient trop souvent les théoriciens de la gestion comme les économistes, car ils ont tendance à raisonner en termes d'organisation optimale dans un environnement stationnaire... alors que, par définition, l'innovation au cœur de la dynamique capitaliste se charge de renouveler les conditions de la concurrence, les localisations, les qualifications, le mode de vie et donc à terme le système productif et le mode de régulation. Cette interprétation livre quelques clés de lecture pour la décennie quatre-vingt-dix.

6. Toyotisme et uddevallisme ne sont pas la fin de l'histoire !

Une difficile transition d'un système à un autre

Il est bien sûr possible d'insister sur les continuités fortes qui enchaînent les diverses configurations du système productif : selon cette lecture, la production de masse flexible ne serait jamais que l'approfondissement des visées de l'organisation scientifique du travail, bref

---

32. Voir le programme du syndicat japonais de l'automobile JAW, 1992, déjà cité, ainsi qu'une abondante littérature qui souligne les multiples limites du système industriel japonais, que la récession de 1991-1992 rend patentes. Par exemple, M. Matsumoto, *Les Japonais apprennent le chômage,* Tokyo, Nihon Keizan Shimbun, repris dans *Le Courrier international,* jeudi 27 août 1992, p. 12.

l'équivalent du passage du modèle de la Ford T à celui du changement annuel de modèle sous l'impulsion de General Motors. Ce diagnostic d'une forte continuité est d'autant plus renforcé que l'on prend pour référence des pays caractérisés par une forte nostalgie fordiste[33].

Mais il est tout aussi intéressant d'insister sur la non-équivalence des nouveaux principes par rapport aux anciens : méthodes de gestion, formes d'organisation et types de relations industrielles sont souvent aux antipodes du fordisme américain emblématique. Plus encore, les difficultés qu'éprouvent les plus grandes des firmes américaines à s'insérer dans ce nouveau modèle montrent qu'aucun principe de continuité ne régit la transition d'un modèle à un autre. Il faut se souvenir par exemple que le toyotisme résulte pour une large part d'un bricolage et d'une série d'essais et d'erreurs à la suite d'une tentative infructueuse en vue d'implanter un fordisme typique.

Les firmes, les régions ou les économies qui cheminent le plus efficacement dans la turbulence des années quatre-vingt sont celles qui avaient initié le basculement de principes productifs dès les années cinquante, ou même antérieurement. Au contraire, les meilleurs élèves du fordisme sont ceux qui rencontrent les obstacles les plus sérieux dans l'adhésion aux nouveaux principes productifs, car nombre d'institutions nationales et de représentations tendent à reproduire le modèle ancien, fût-il devenu inefficace. Ainsi s'explique que les transitions s'étalent sur une période de l'ordre d'une génération et non pas sur quelques

---

33. C'est dans cette lignée que s'inscrivent apparemment les contributions de M. Freyssenet et de J.-P. Durand, *op. cit.* Au demeurant, ce diagnostic a une certaine pertinence empirique concernant la France, encore marquée par la logique fordienne dans les années quatre-vingt-dix.

années comme l'impatience des gestionnaires et des responsables politiques le voudrait[34].

Aucun déterminisme de la meilleure organisation

La tradition de l'organisation scientifique du travail a livré l'équivalent d'un credo : à chaque grande période historique, il existerait une et une seule configuration optimale pour le système productif. Une lecture rapide mais superficielle de quelques grands auteurs japonais pourrait suggérer que tel est encore le cas aujourd'hui : le toyotisme aurait remplacé le fordisme car il est intrinsèquement supérieur. Une analyse plus attentive suggère trois objections.

La première, la plus fondamentale, consiste à souligner qu'un même problème organisationnel peut trouver sa solution dans des configurations fonctionnellement équivalentes mais très différentes quant à leur contenu institutionnel exact. À cet égard, les modèles productifs allemands ou suédois ne sont pas la transposition du modèle japonais, mais la combinaison des ressources financières et humaines et des traditions d'organisation, en vue d'obtenir une versatilité productive en réponse à une demande changeante d'un côté, une qualité et une différenciation des produits d'un autre. Une seconde objection met en avant le fait que la supériorité d'un modèle productif ne peut s'apprécier que par référence au contexte macro-économique dans lequel il s'insère : les nouveaux principes sont apparus clairement supérieurs lorsque le mode de régulation fordiste et le régime international se sont déstabilisés.

Enfin et surtout, l'idée même d'organisation optimale suppose un univers invariant ou ne se déplaçant qu'à

---

34. On rejoint sur ce point les analyses de P. Veltz *(op. cit.)* qui insiste aussi sur le caractère tâtonnant, donc long, du processus d'émergence d'un nouveau modèle productif.

la marge et par continuité. Rien de tel dans les systèmes réellement existants dans lesquels une série d'innovations, apparemment mineures, peut à terme déboucher sur un basculement du système productif. Plus encore, la viabilité d'un modèle organisationnel ne tient pas de son efficacité statique, mais de son aptitude à faire face à l'incertitude, l'innovation, bref à sa résistance face à un environnement changeant, c'est-à-dire plutôt son efficacité dynamique. De ce fait, l'adéquation n'est que transitoire et peut être remise en cause par des événements apparemment sans lien avec le système productif lui-même. Que s'effondre le mur de Berlin et le système productif soviétique, dont la crise n'était que larvée, entre dans une contraction cumulative, difficile à prévoir dans le contexte de l'ancien régime politique. Cette remarque théorique et ce diagnostic peuvent s'appliquer, y compris au plus admiré des modèles productifs, à savoir le toyotisme.

Quatre stratégies en vue d'adhérer aux nouveaux principes productifs

Avant de revenir sur la dynamique d'une possible crise structurelle des pays les plus avancés dans le redéploiement productif, il n'est pas inutile de réfléchir sur les stratégies ouvertes aux économies qui, au contraire, sont frappées d'une notable inertie fordiste (figure 7).

Dans une optique néo-schumpétérienne, le processus d'essais et d'erreurs est laissé aux entrepreneurs qui seront incités à adopter des principes productifs plus efficaces, à travers la compétition que véhicule le marché des produits et la concurrence pour attirer le capital et la main-d'œuvre qualifiée. Une telle stratégie n'est efficace que si les bénéfices d'une innovation peuvent être complètement appropriés par chacun des entrepreneurs. Si, au contraire, d'importants effets externes prévalent, dans le temps comme dans l'espace, alors une économie peut être bloquée dans la persistance d'une organisation obsolète, mais que le manque de coordination ne permet pas de dépasser.

Une seconde stratégie mimétique consiste à copier le plus fidèlement possible partie ou totalité des composantes des modèles productifs les plus efficaces, en l'occurrence celui des firmes japonaises. Si seulement une composante est introduite dans un système productif fordiste, le risque est grand qu'elle ne produise pas les effets attendus faute de compatibilité structurelle avec la logique et les organisations qui prévalent. Ainsi, la mode des cercles de qualité n'est pas parvenue en France à surmonter une division du travail qui demeurait fondamentalement taylorienne et fordienne. Il en serait de même pour le juste-à-temps, l'intéressement aux profits, la culture d'entreprise : une somme de gadgets ne fait pas un nouveau modèle de gestion. Si, par contre, c'est l'ensemble du modèle que l'on cherche à introduire, alors de fortes incompatibilités risquent d'apparaître à l'interface de la firme innovante et du système socio-économique : tensions dans les relations professionnelles, hiatus par rapport au système éducatif, incompatibilité avec les pratiques financières ou encore inadéquation des interventions de l'État sont alors autant d'obstacles.

Plutôt que de chercher à implanter un modèle incompatible avec le système des valeurs et la nature des coordinations dans et hors de l'entreprise, une troisième stratégie vise au contraire à renforcer ses propres points forts. Par exemple, aux États-Unis, plutôt que d'introduire une éthique japonaise, n'est-il pas plus efficace de puiser, dans les représentations et organisations les plus reconnues, les sources d'une efficacité équivalente à celle des modèles concurrents, mais obtenue selon une voie propre à l'entreprise, à la région ou au pays considéré ? Ainsi l'appel au travail en équipe peut livrer de hautes performances en matière de qualité et de productivité sans aucune importation ou référence à des dispositifs empruntés au toyotisme. Concernant la France, pourquoi ne pas utiliser la puissance et la variété des interventions publiques pour initier et développer l'adhésion aux nouvelles technologies et une production de masse flexible ? Les ingénieurs de France Télécom qui lancèrent le Minitel, ne sont-ils pas les *alter ego* des entrepreneurs de la Silicon Valley qui initièrent la micro-informatique ? D'une manière générale, on pourrait donc forger, à partir des conventions et des institutions nationales, des équivalents fonctionnels à des modèles qu'il ne faudrait surtout pas imiter *stricto sensu*.

Enfin, l'hybridation définit une dernière stratégie. Elle consiste à combiner certaines copies ou importations de routines et procédures empruntées à des modèles étrangers avec des formes d'organisation usuelles et donc aisément admises dans l'espace socio-économique considéré. Les transplants japonais à l'étranger dans les années quatre-vingt – mais l'on pourrait considérer de même les *transplants* américains après la Seconde Guerre mondiale – fournissent un exemple saisissant d'adaptation de principes généraux à un contexte local, quitte à ce que la configuration finale soit tout à fait originale car hybride, entre le modèle étranger et la configuration autochtone, qui s'en trouve ou non transformée. Il est difficile de trouver des lois générales à un tel processus d'essais et d'erreurs mais il semble livrer une large gamme d'adaptabilité[35].

Pour les pays en retard dans l'adhésion au nouveau paradigme productif, ces deux dernières stratégies paraissent beaucoup plus prometteuses que les deux

---

35. Cette stratégie s'apparente au bricolage tel qu'il est défini par la biologie moderne : F. Jacob, *Le Jeu des possibles. Essai sur la diversité du vivant,* Paris, Fayard, 1981 ; mais aussi l'anthropologie à la suite de C. Lévi-Strauss, *La Pensée sauvage,* Paris, Plon, 1962. En matière de

premières, en général plus facilement acceptées. Pourtant, accentuation des points forts et hybridation sont plus prometteurs que la décalcomanie et/ou la stratégie simpliste consistant « à suivre le marché ». Quant aux pays qui sont aux avant-postes du nouveau modèle, ils sont loin de converger vers un état stationnaire : au contraire, ils sont soumis à une lente dynamique… d'ailleurs souvent engendrée par leur succès même.

Les prémices de la crise de la production de masse flexible

Les théories économiques et beaucoup de sciences sociales souffrent d'une incapacité certaine à traiter du changement et de l'historicité. Depuis une décennie environ, il est devenu de bon ton de vanter l'efficacité et la supériorité du modèle japonais comme nouvelle avancée de l'organisation scientifique. Nul doute en effet que le toyotisme s'inscrive dans un projet tout à fait rationnel, voire rationalisateur, de minimisation des coûts sous la contrainte de satisfaction d'une demande de différenciation et de qualité. Mais il ne faudrait pas confondre la représentation théorique qui en est donnée *a posteriori* avec le tâtonnement beaucoup plus obscur et modeste qui a conduit à ce système productif[36].

Mutatis mutandis, ce système une fois constitué est lui-même doté d'une dynamique propre qui tend à

---

systèmes productifs, cette vision insiste sur la diversité de configurations, en particulier sectorielles, qui répondent toutes à l'impératif de flexibilité. A. Hatchuel, J.-C. Sardas, « Les nouvelles rationalisations de la production », *in Les Nouvelles Rationalisations de la production,* Paris, École des mines, 1992.

36. Il n'est qu'à comparer l'analyse de l'entreprise Toyota par M. Cusumano, *The Japanese Automobile Industry,* Cambridge, Harvard University Press, 1989 ; S. Shingo, *Maîtrise de la production et méthode kanban : le cas Toyota,* Paris, les Éditions d'Organisation, 1983, avec la théorisation proposée par T. Ohno, *op. cit.*

l'éloigner de l'idéal type que les analystes se mettent alors à admirer et cherchent à imiter. Pour avoir résolu certains problèmes, le juste-à-temps en fait ressortir d'autres. Par exemple, l'encombrement des districts industriels, la gestion par le stress et l'allongement du temps de travail, la réticence des jeunes générations à faire de leur vie un simple appendice de la continuité et de la gestion des flux productifs, une certaine détérioration de la qualité du fait du changement trop fréquent de modèle, un alourdissement rapide de la combinaison productive pour pallier le manque de main-d'œuvre... autant de signes qui montrent que le toyotisme est mortel (figure 5)... comme tous les modèles qui l'ont précédé. Qu'on imagine, de plus, une flambée protectionniste associée ou non à la montée de zones de libre-échange à l'échelle continentale ou encore un accident dégénérant en une crise financière mondiale, et l'on verra combien la supériorité de la production dite frugale était conditionnée par nombre de facteurs cachés ou peu pris en compte par l'analyste.

Imp

On pourrait reprendre la même démonstration concernant le modèle scandinave ou allemand. La crise du premier tient pour une large part au maintien du plein emploi sur une longue période, à la permanence d'un fort pouvoir syndical et à la montée d'aspirations plus individualistes des jeunes générations, dans un système fortement marqué par une gestion collective et parfois contraignante en matière de salaires ou de mobilité. Similairement, la réunification allemande qui fut d'abord perçue comme une «divine surprise» pourrait, dans certains scénarios, mettre sous forte tension le dynamisme et l'adaptabilité du modèle allemand. Un événement initialement analysé comme éminemment favorable, y compris pour la prospérité économique, pourrait tout au contraire révéler cruellement certaines des insuffisances de ce modèle : renforcement du dualisme du marché du travail, difficultés à s'insérer dans les hautes technologies, déséquilibres macro-économiques compromettant la stabilité productive.

C'est le succès qui crée de nouvelles sources de crise largement imprévues. À l'opposé, la capacité à surmonter les déséquilibres et contradictions, associée au délitement d'un mode de régulation, explique pour partie la recherche puis l'émergence et la diffusion de systèmes productifs alternatifs. Dès lors, il serait erroné et peu fructueux de figer le processus comme la convergence progressive vers l'équilibre stationnaire, associé à un modèle organisationnel optimal. L'histoire, pas seulement celle des modèles organisationnels, réservera encore bien des surprises à l'analyste, même averti. C'est ce qui rend passionnantes pour l'analyste, surprenantes pour l'observateur, mais aussi douloureuses pour les acteurs les périodes de changements structurels de l'ampleur de ceux à l'œuvre dans les années quatre-vingt et quatre-vingt-dix.

Mutations, résistances et significations

2.

La précédente partie de cet ouvrage conclut à l'inéluctabilité de l'avènement d'un nouveau paradigme productif, tout en montrant les hésitations et les résistances qui en freinent l'émergence. Plus encore, Robert Boyer fait état des possibles crises de ce nouveau modèle productif ; c'est dire combien cette première partie est nuancée, tout en affirmant nettement une thèse qui tire son attrait de sa cohérence.

En partant des mêmes difficultés d'émergence du paradigme productif en question, on peut proposer une autre lecture de la réalité économique et sociale qui conclurait moins à une *rupture* avec les principes passés qu'à une *transformation-adaptation* du système productif actuel sous l'empire des nécessités issues de la crise de l'accumulation. Ainsi, ne s'agirait-il pas plutôt de l'affinement des principes fordiens ou tayloriens que de l'émergence de nouveaux principes ? N'assiste-t-on pas à un renforcement de la domination du capital sur le travail dans ces changements, plutôt qu'au développement de l'autonomie et de l'épanouissement des individus au travail ? L'émergence d'un nouveau paradigme productif est-il suffisant pour mettre fin à la crise de l'accumulation ? Ce système productif a-t-il pour seule origine le Japon, ou est-il plus général ? Les résistances aux changements ne sont-elles pas aussi significatives que le changement lui-même ?

Ainsi, notre thèse pourrait se formuler de la façon suivante : si l'on s'accorde pour dénommer nouveaux systèmes productifs les adaptations nécessaires à la crise actuelle, les principes qui sous-tendent ces adaptations ne sont pas obligatoirement en rupture avec les précédents, tandis que les résistances qu'ils rencontrent les édulcorent sérieusement. Alors, le changement n'est peut-être pas tant dans l'organisation productive que dans un nouveau type de rapport salarial où les salariés se présenteraient plus démunis qu'hier.

▼▼▼

1. Crise de la régulation et traitement partiel du problème

La crise du paradigme sociotechnique fordien

L'histoire du xxe siècle, et plus encore de l'après-guerre, a été celle du cercle vertueux fordien installé sur le couple production de masse-consommation de masse. Mieux encore, on pourrait parler de spirale ascendante pour imager l'accumulation capitaliste soutenue par l'État providence, le syndicalisme revendicatif et le crédit à la consommation qui encourageaient chacun à leur manière le cercle vertueux production-consommation[1]. Deux technologies fondamentales sous-tendaient l'appareil économique : l'automobile et l'électricité. La première a structuré l'espace (importance du pavillon puis de la résidence secondaire), tandis que la seconde tenait deux rôles : d'abord facteur de gains de productivité, elle a aussi donné lieu à une multiplicité de produits de consommation de masse. Voilà pourquoi le fordisme peut être compris comme un paradigme sociotechnique dans lequel la régulation production-consommation de masse repose sur certaines techniques de base recourant à une organisation particulière du travail (figure 1).

Selon certains économistes régulationnistes[2], on doit la fin des Trente Glorieuses à trois types de facteurs : *l'épuisement des gains de productivité dans l'industrie* (crise du travail simple des OS et limites des techniques traditionnelles d'automatisation), *l'épuisement de la norme de consommation* (le taux élevé d'équipement des ménages en produits de consommation de

---

1. On ne traitera pas ici des ex-pays socialistes ou du tiers monde pour lesquels seul un vaste «plan Marshall», inscrit dans la durée, pourrait poser les prémices de solutions.
2. *Cf.* J.-H. Lorenzi, O. Pastré, J. Toledano, *La Crise du xxe siècle,* Paris, Économica, 1980.

Figure 1 : Le cercle vertueux du paradigme sociotechnique fordien

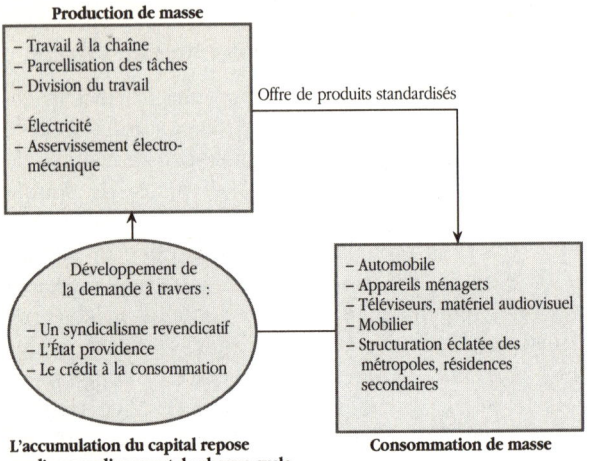

masse signifie qu'il n'y a plus qu'un marché de remplacement) et le *développement du travail improductif* dans le privé (travail de bureau) et dans le public (santé, éducation…). Cette spirale dépressive est illustrée par la figure 2.

Pour sortir de la crise ainsi analysée (en laissant de côté la financiarisation de l'économie qui aggrave encore la situation) un nouveau paradigme sociotechnique doit émerger. Une première esquisse est apparue au cours de la décennie soixante-dix autour des groupes semi-autonomes et de l'enrichissement des tâches pour faire face à la crise du travail simple; on parlait déjà de *postfordisme* sans que les remèdes n'endiguent la crise. Les années quatre-vingt ont été celles de l'importation en Occident des techniques organisationnelles de Toyota qui en firent le deuxième constructeur automobile mondial. Après les cercles de

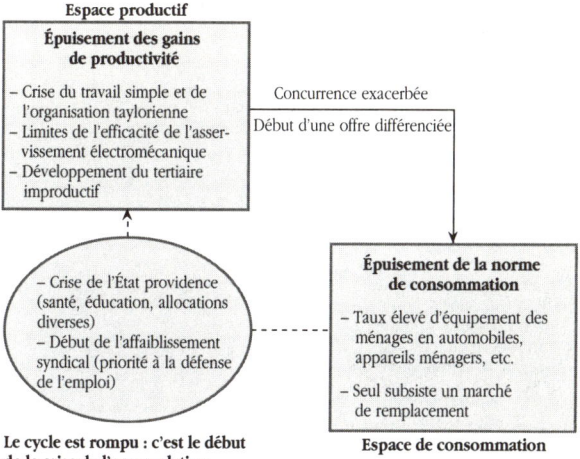

Figure 2 : La spirale dépressive dans la crise de l'accumulation

qualité, le juste-à-temps, la *total productive maintenance,* le *kaizen,* l'ingénierie simultanée ont fait les choux gras des consultants en organisation qui, bien souvent, ne faisaient qu'appliquer un cautère sur une jambe de bois.

En même temps, dans d'autres cas, lorsque les directions d'entreprise s'investissent dans le changement socio-organisationnel et adoptent les philosophies qui sous-tendent les principes toyotiens, les gains de productivité sont de retour. Cette transformation socio-organisationnelle constitue le premier volet du paradigme sociotechnique susceptible de mettre fin à la crise de l'accumulation; le second volet réside bien sûr dans les technologies de l'information. Nul ne contestera l'efficacité de l'automatisation-robotisation actuelle qui, associée à la rationalisation toyotienne, a permis de hausser les gains de productivité à près de 4 % par

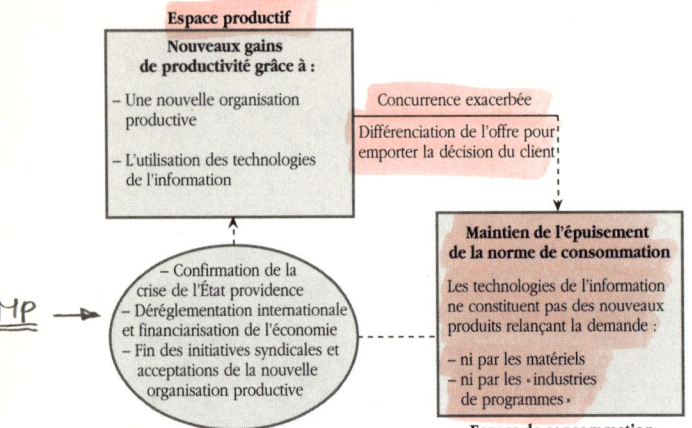

Figure 3 : La vraie fausse sortie de crise

- Les gains de productivité ne s'accompagnent pas de la découverte de nouveaux biens ou services de consommation
- Seuls un partage du travail et une autre distribution des revenus peuvent permettre le retour à un cercle vertueux (pour une accumulation ralentie)

an durant la décennie quatre-vingt contre 2,5 ou 3 % auparavant : les voies du renouvellement des gains de productivité sont aujourd'hui ouvertes (figure 3).

Mais qu'en est-il du côté de la norme de consommation ? Les technologies de l'information sont-elles en mesure de créer de nouveaux produits et de nouveaux besoins qui relancent la spirale vertueuse de la consommation-production de masse ? L'histoire de la « filière électronique » française, initiée par Jean-Pierre Chevènement, ministre de l'Industrie, nous rappelle que les produits électroniques grand public peuvent au mieux favoriser l'accumulation dans les pays déjà spécialisés au niveau international (le Japon et le Sud-Est asiatique). Pour nombre de raisons bien connues des économistes, les pays qui ont perdu pied dans un secteur technologique sont en général incapables de remonter le courant. De plus, la faiblesse de la valeur ajoutée dans ces produits empêche de fonder sur ceux-ci une quelconque relance de l'accumulation à l'échelle de l'ensemble du marché industrialisé.

Au-delà des appareils eux-mêmes, il fut question d'investir dans les *industries de programmes* (logiciels, culture, jeux...) dont Jack Lang diffusa hier le concept. D'une part, leur mode de production s'oppose à une productivité élevée favorable à l'accumulation (sauf exceptions limitées dans le génie logiciel ou dans les séries télévisées); d'autre part, la diffusion de masse trouve ses propres barrières dans la capacité de réception des consommateurs : *à la production industrielle du signe s'oppose la réception artisanale du sens.* Les limites au développement des industries de programmes se manifestent par les crises de la majorité des médias : fin de la Cinq, difficultés de la presse écrite et de l'édition, stagnation du câble, marasme dans la publicité et cession des *majors* américaines d'Hollywood aux Japonais.

Les technologies de l'information n'ont pas tenu leurs promesses dans l'espace de la consommation. Qu'en est-il face au développement du travail improductif ? Si la bureautique, l'informatique de gestion, etc. ont nettement accru la productivité du travail, les gains réalisés ont tout aussi vite été absorbés par une demande grandissante de traitement de l'information : la précision, la qualité, le raccourcissement des délais, la complexité en général constituent en eux-mêmes autant d'informations à créer, à traiter, à archiver et à diffuser. Dans les appareils de l'État (santé, éducation...), les illusions sont bien vite retombées : ni les machines à apprendre (enseignement assisté par ordinateur, et aujourd'hui multimédia), ni les machines à soigner (autodiagnostics, systèmes experts) n'ont sérieusement menacé les enseignants ou les médecins !

En résumé, les technologies de l'information ne se comportent pas comme les précédentes (vapeur, électricité, moteur à explosion) qui, après avoir massivement détruit des emplois, donnaient lieu à de nouveaux produits qui créaient un nombre toujours plus grand d'emplois. Nul ne peut savoir combien durera cette absence de nouveaux produits (les biotechnologies et les matériaux composites se substituent aux anciennes solutions sans ouvrir de nouvelles perspectives) et l'on ne peut se réfugier dans la position attentiste des tenants des cycles de Kondratieff qui projettent une reprise vers 2020. On peut d'ailleurs se demander si la nature même des technologies de l'information qui traitent des savoirs et de la connaissance ne serait pas à l'origine de la première exception aux thèses de Kondratieff ou de Schumpeter. Autrement dit, il n'y a peut-être rien à attendre des technologies de l'information pour relancer la demande.

Les réformes possibles et la réalité du changement

S'il en est ainsi, ne doit-on pas considérer que la mort du paradigme sociotechnique fordien conduit non pas à la recherche de son remplacement (attentisme d'une technologie miraculeuse), mais à la création d'une nouvelle régulation : la contradiction entre une croissance des gains de productivité et le non-renouvellement de la norme de consommation (absence de technologie remplaçant l'automobile et l'électricité), ne peut conduire qu'à la conscience claire de l'ineptie que constitue l'idée d'un retour au plein emploi à temps complet.

Autrement dit, la responsabilité politique ne passe plus par des incantations face à une hypothétique reprise américaine qui risque de n'être que de faible amplitude et de courte durée. Il s'agit d'organiser sur le moyen terme la réduction du temps de travail, y compris par le partage des revenus selon leurs niveaux. La proposition du deuxième chèque[3] permet, par exemple, à un salarié travaillant volontairement à mi-temps (et recevant 50 % de son salaire de son employeur), de bénéficier d'un complément de 35 % à 45 % issus d'une caisse nationale alimentée par la totalité des économies faites par l'absence de chômage endémique. L'objectif du deuxième chèque est d'inciter les salariés à travailler à temps partiel, moyennant une compensation dont le taux serait inversement proportionnel au niveau du salaire de base : les ouvriers et les employés pourraient bénéficier d'une compensation quasi totale à la différence des cadres supérieurs qui ne recevraient que 35 % ou 40 % par exemple. Ce système perpétuerait, faute de mieux dans l'immédiat, la place du travail comme structurant du social et de chaque personnalité afin de préserver les équilibres intégrateurs de notre société[4].

La solution du deuxième chèque – mais il y en a d'autres tout aussi satisfaisantes – a le double avantage de tenir compte des rapports marchands qui nous entourent et de posséder une importante charge dynamisante pour transformer le social. Pour cette raison, une telle réforme ne peut se dérouler qu'au niveau d'un continent. L'Europe pourrait accepter le principe d'une croissance lente (de l'ordre de 1 % par an) qui, accompagnée de nouvelles régulations, ferait moins de ravage social que l'anarchie économique et financière présente. En même temps, la croissance lente et le partage du travail au niveau européen contraindraient le libre-échange à rompre avec les thèses ultralibérales qui prévalent à Bruxelles. Car si le libre-échange est le

---

3. *Cf.* Guy Aznar, *Le Travail c'est fini !* Paris, Belfond, 1990 ; du même auteur, *La Société du temps partagé,* Paris, Syros, 1993.
4. Il resterait à débattre de la nature des activités durant le temps libre ainsi augmenté qui ne devrait pas relever des seules préoccupations marchandes. Mais ceci appartient à une autre problématique.

meilleur aiguillon de l'innovation technique, économique et organisationnelle, l'ultralibéralisme conduit à la destruction massive des biens, des services et des sociétés en général. Ce qui est le lot quotidien des pays industrialisés.

En résumé, l'émergence d'un nouveau cercle vertueux passe aussi par une relance de la demande qui ne peut avoir lieu qu'avec la découverte de nouvelles technologies à l'origine de nouveaux biens et services ou, en l'absence de celles-ci, par l'acceptation universelle d'une croissance lente et du partage du travail. En ne s'intéressant qu'à l'espace productif et à l'émergence d'un nouveau paradigme productif, on court le risque de minimiser les blocages structurels de toute sortie de crise. Ce que dit aussi Robert Boyer quand il s'interroge sur la viabilité d'un monde composé dans sa totalité de firmes ayant adopté le nouveau paradigme.

Bien qu'il ne constitue qu'un élément de la boucle de la régulation, l'espace productif mérite toute l'attention des économistes et des sociologues puisqu'il est le lieu crucial de la création de la valeur. Crucial, non pas parce qu'il serait unique (le travail domestique crée aussi de la valeur), mais parce que c'est lui qui fait la différence de puissance entre les économies nationales. L'efficacité du système productif de chaque région est le facteur discriminant dans les relations internationales : les rapports difficiles et les échanges musclés entre le Japon et les États-Unis, entre les États-Unis et l'Europe ou entre le Japon et l'Europe, ont toujours pour origine des différentiels d'efficacité productive (et quelquefois commerciale). La solidité des monnaies et les capacités de résistance des barrières douanières sont elles-mêmes dépendantes de l'efficacité des systèmes productifs.

Aujourd'hui, le différentiel d'efficacité tient en grande partie au degré de mise en œuvre de ce paradigme productif émergant, dont la caractéristique essentielle est de favoriser l'adaptation et la réaction de la firme aux perturbations accélérées de son environnement, tout en lui assurant des bénéfices.

2. Vers des changements organisationnels ?

Transformations par la demande ou par l'offre ?

De nombreux auteurs considèrent que les changements de principes productifs reposent sur des transformations du marché qui seraient elles-mêmes dues à des comportements différents des consommateurs. Cette hypothèse mérite discussion. La question posée est celle de la cause de l'accroissement de la variété des produits au cours des deux dernières décennies. Doit-on celui-ci à un changement de comportement des consommateurs dû à la différenciation des classes sociales et à la poussée de l'individualisme ? Ou doit-on cette variation accrue des produits à l'exacerbation de la concurrence entre offreurs, lesquels chercheraient alors une meilleure satisfaction des consommateurs pour mieux vendre leurs produits ?

Quoi de plus normal que des industriels-offreurs cherchent à améliorer leurs produits pour ravir à leurs concurrents quelques parts de marché ? Pour réussir, ils tentent d'augmenter la qualité de leurs produits et d'abaisser leurs coûts de production (ce qu'ils ne peuvent pas faire à travers les traditionnelles économies d'échelle, les marchés étant saturés). Ils peuvent aussi offrir un léger plus en proposant des nuances plus ou moins étendues du même produit, ce qui correspond tout à fait aux canons de la mode : une légère distinction dans un produit généralisé et normalisé. L'objectif est bien sûr d'offrir à bas coût cette variété : quand une technologie relativement bon marché le permet, comment s'étonner qu'elle se diffuse aussi rapidement? Les technologies de traitement de l'information arrivent à point nommé pour aider à résoudre une question qui ne se posait pas avec la même acuité aux offreurs de la production de masse, quelques décennies plus tôt.

Les tenants de la causalité de la variété par la demande laissent entendre que le comportement des consommateurs par rapport à la variété des produits est semblable à celui qu'ils ont par rapport aux prix. En soutenant que c'est bien l'offre qui est à l'origine de la variété du produit, nous reconnaissons aussi le rôle des consommateurs puisque seuls les offreurs ayant une offre variée pourront se maintenir sur le marché, mais cette sanction de la variété par le marché est de nature différente de celle que le marché accorde traditionnellement aux prix: dans ce dernier cas, il y a demande explicite du meilleur prix à qualité égale et sanction par le marché; mais y a-t-il demande explicite de variété? Et, plus généralement, y a-t-il demande de nouveaux produits?

On peut répondre facilement *non* à cette dernière question: chacun sait qu'il n'y a pas de besoins «naturels» ou à l'état latent, mais des besoins construits par les offreurs. La place de la publicité dans notre société en est la meilleure illustration. La demande en produits nouveaux est le fait exclusif des offreurs. L'exemple du Minitel en est la démonstration la plus éclatante: ici, c'est bien l'objet qui a créé – difficilement – le besoin et le marché.

Or le problème principal de cette sortie de crise est la difficulté rencontrée par les offreurs pour inventer de nouveaux produits acceptables par le marché (le visiophone est l'exemple du nouveau produit refusé par le marché[5]) et favorables à l'accumulation: l'électronique

---

5. Au moins provisoirement, puisque France Télécom prévoit d'ores et déjà une deuxième campagne commerciale de persuasion et d'apprivoisement du public.

grand public et ses conditions de production très automatisées, ou les industries de programmes encore très artisanales, ne sont pas des produits qui offrent autant de facilités à l'accumulation que l'automobile ou les appareils ménagers. Face à cet embarras pour trouver de nouveaux produits, les offreurs se rabattent sur l'accélération de l'obsolescence des produits en encourageant les phénomènes de modes (c'est une manière d'élargir le marché en accroissant le rythme de remplacement) et sur l'augmentation de la variété des produits (c'est une façon de ravir des parts de marché aux concurrents). Ces deux solutions réclament la flexibilité des conditions de production. Ainsi, l'obsolescence (qui n'est que l'une des formes d'usage de la variété par les offreurs) et la variété fonctionnent comme un substitut à l'impossibilité concentrée par l'offre de proposer de nouveaux biens et de nouveaux produits.

Une telle interprétation de l'accroissement de la variété par l'offre explique mieux que la thèse inverse l'importance accordée par les Japonais à la veille technologique ou l'étroite liaison entre la baisse des coûts, l'accroissement de la qualité et le développement de la réactivité qui caractérise le paradigme productif émergent.

Cinq composantes du paradigme productif

Les principes régissant les nouvelles conditions de production prennent leurs racines dans l'ancien système productif : ils le réforment en prolongeant ses pratiques et en accroissant son efficacité ; il reste à déterminer si ce prolongement et l'amélioration de l'efficacité globale conduisent ou non à une rupture.

L'intégration recherche-développement/industrialisation

Elle repose sur un dispositif de veille technologique que les firmes placent dans les lieux sensibles autorisés (conférences scientifiques, publications, visites diverses…) pour être renseignées sur toutes les innovations scientifiques, techniques, de produits ou de procédés. L'objectif est ensuite de transformer le plus rapidement possible toute découverte scientifique ou innovation en un produit destiné au grand public ou un bien d'équipement pour les firmes. Il s'agit donc de disposer d'une structure industrielle capable de digérer rapidement l'innovation, donc possédant globalement un niveau intellectuel élevé : on retrouve ici la notion d'intelligence collective désignant le passage d'une firme subissant le changement à celle qui organise la coopération intellectuelle active de salariés hautement qualifiés, autour des technologies de l'information. En effet, la firme qui propose la première un nouveau produit ou service, possède toujours un avantage difficile à battre pour les concurrents. Les Japonais symbolisent l'intégration RD/industrialisation par le tronc du *bonsaï* qui relie les racines (technologies génériques) aux branches (les applications-produits) : or ce tronc est extrêmement court pour symboliser un laps de temps tout aussi court entre la découverte scientifique et son exploitation sous forme de produit. Ainsi, il s'agit de créer les conditions organisationnelles entre les fonctions veille-RD, études et industrialisation pour transformer rapidement une technique en un produit commercial, y compris en organisant sa demande. Le baladeur de Sony est l'un des meilleurs exemples de cette intégration et d'une réussite commerciale.

L'intégration des fonctions marketing/conception/fabrication/contrôle

Elle a pour objectif premier d'accroître la réactivité à la concurrence des offreurs en augmentant (à coût constant) le rythme de sortie des nouveaux modèles. Par exemple, Européens et Américains concevaient en soixante mois un nouveau véhicule, tandis que les

Japonais le concevaient en quarante-sept mois en 1988. Si les premiers ont réduit cette durée à quarante-huit ou cinquante-deux mois, les Japonais l'ont réduite à trente-huit ou quarante mois.

Cette intégration doit se compléter par des liens plus étroits avec les clients pour absorber instantanément les demandes nouvelles et les critiques (fonction de feed-back du service après vente) dans l'ensemble productif.

L'intégration entre les grandes fonctions de l'entreprise a aussi pour objectif une réduction des coûts avec une qualité accrue : il s'agit d'améliorer la manufacturabilité des pièces et des sous-ensembles, c'est-à-dire trouver des solutions plus économiques et plus fiables de fabrication. Par exemple, un pare-chocs avant d'une voiture Ford de milieu de gamme possède dix pièces contre cent pièces pour le même ensemble d'un véhicule semblable chez General Motors[6].

Pour atteindre ces objectifs, la firme pratique l'ingénierie simultanée : elle fait travailler ensemble les ingénieurs et techniciens des bureaux d'étude et des bureaux de méthode, voire des ateliers. De plus, elle rassemble sur une même « plate-forme » les spécialistes de plusieurs organes et fonctions du produit final qui doivent coopérer. Enfin, l'ingénierie simultanée peut limiter le nombre de composants d'un ensemble tout en obligeant les concepteurs à ne recourir qu'à des composants inscrits sur une liste préétablie : cette limitation du nombre de pièces, regroupées en familles (on parle de technologie de groupe), réduit les coûts tout en augmentant la fiabilité de l'ensemble. Les technologies de l'information, par leur capacité à traiter, stocker, faire circuler l'information, sont l'un des outils de cette intégration (intégration par les données), les

---

6. Cité par J.-P. Womack, D. T. Jones, D. Roos, *Le Système qui va changer le monde,* Paris, Dunod, 1992.

autres étant d'ordre organisationnel entre et dans les fonctions déjà citées.

On considère généralement que l'ingénierie simultanée pourrait être à l'origine de 30 à 40 % des gains de productivité à obtenir dans l'industrie manufacturière.

L'intégration dans la firme étendue

Elle vise l'amélioration des performances des rapports entre donneurs d'ordre et sous-traitants ou fournisseurs en matière de prix, de qualité et de délais. Cette intégration passe par la coopération à long terme, la coordination de l'ingénierie et de l'industrialisation entre partenaires : elle repose sur une confiance réciproque. Hier, un constructeur d'automobiles pouvait passer commande à un fournisseur de balais d'essuie-glaces ; aujourd'hui, il demande la fourniture d'une fonction, celle de nettoyage du pare-brise, laquelle comprend l'ensemble moteur-commande-essuie-glaces et l'ensemble pompe-lave-glaces. Voilà pourquoi les deux partenaires échangent ingénieurs et techniciens pour être plus efficaces et réduire les délais. Afin de garantir une qualité totale, le fournisseur accueille des ingénieurs du constructeur qui l'aident à mettre au point le procédé de fabrication.

Enfin, le fournisseur ne livre ses composants qu'en quantité requise et au bon moment, selon les besoins du constructeur : cette livraison en juste-à-temps limite les stocks, donc les immobilisations inutiles de capital.

La productivité organisationnelle dans l'entreprise

Si l'intégration des fonctions concerne prioritairement un accroissement des performances à partir de l'activité de conception, l'amélioration de la productivité organisationnelle touche plus particulièrement la fonction de fabrication et de montage. Mais des gains de productivité (et de qualité) sont attendus dans toutes les fonctions.

Une des dimensions, en creux, de la productivité organisationnelle, est sa flexibilité en volume. En effet, il est indispensable qu'un système productif puisse réagir rapidement aux variations du volume de la demande, sans annihiler toutes ses performances productives et/ou sans remettre en cause la mobilisation des salariés (voir ci-dessous) par les licenciements ou par une mise au chômage temporaire.

Au-delà de l'automatisation en général (asservissement et fonction *mémoprospective* des technologies de l'information[7]), les gains de productivité, de réactivité et de qualité proviennent d'une amélioration organisationnelle qui occupe plusieurs dimensions :
– le travail en groupe, lequel est responsable collectivement de la production en qualité et en quantité ; ce travail en groupe donne lieu à une qualification collective ;
– la polyvalence des opérateurs dans le groupe qui peuvent accomplir une grande variété de tâches ;
– une recomposition du travail, c'est-à-dire un redécoupage des fonctions de production (par exemple entre la fabrication, le dépannage et le bureau des méthodes) ;
– une amélioration et une fiabilisation permanentes de l'appareil productif ;
– la réduction du nombre de niveaux hiérarchiques et le développement des échanges horizontaux ;
– une responsabilisation accrue des salariés ;
– l'amélioration de la gestion de production ;
– le travail en continu (les machines ne s'arrêtent plus durant les pauses et les repas : un opérateur reste pour les surveiller) ;

---

7. Pour un développement sur la place des technologies de l'information dans les transformations de l'entreprise voir le chapitre « Travail contre technologie », *in* J.-P. Durand et F.-X. Merrien, *Sortie de siècle. La France en mutation,* Paris, Vigot, 1991.

– une mobilité des salariés face à la demande de flexibilité productive.

L'accroissement des qualifications et la mobilisation des salariés

Des technologies et des organisations de plus en plus complexes, mais aussi les contraintes de qualité, exigent chez les salariés des connaissances techniques et une compréhension globale des systèmes productifs toujours plus grandes[8]. Des aptitudes à apprendre sont requises plutôt que des savoirs figés, même de bon niveau : la formation devient réellement continue durant toute la carrière pour une grande partie des intéressés.

Les salariés en général, y compris les exécutants – ce qui est le plus difficile – doivent être mobilisés sur les objectifs fixés par les directions des entreprises. Les résultats ne peuvent plus être obtenus par la seule contrainte comme c'était le cas dans le fordisme classique : l'engagement des salariés ne peut être que volontaire et c'est aux directions de créer les conditions de cet engagement : par exemple en partageant les gains de productivité issus du nouveau modèle productif. L'amélioration des revenus n'est plus suffisante ; il faut y ajouter d'autres dimensions : l'intérêt au travail, le bon climat dans l'entreprise, d'autres gratifications symboliques, la réduction du temps de travail, etc.

Cette importante question de l'implication des salariés par rapport aux objectifs de l'entreprise sera plus particulièrement traitée dans le troisième chapitre de cette partie. Dans l'immédiat, on peut établir un bilan provisoire de la mise en œuvre de ces principes du paradigme productif émergent. Cette tâche est ardue car on ne peut connaître toutes les transformations en cours

---

8. On se reportera au chapitre déjà cité pour débattre de l'augmentation générale des qualifications et des maintiens ou non de la polarisation des qualifications.

dans les entreprises. Nous devons donc, au-delà de notre propre connaissance d'expérimentations, nous référer aux publications existantes. On pourrait dire que ces dernières sont de deux types : celles qui sont produites par les entreprises et les promoteurs des transformations (consultants, chercheurs-intervenants) qui y croient fermement et ont tendance à vanter les effets de leurs actions *(success stories)* sans que des contre-expertises ne soient produites. D'autres publications proviennent de chercheurs moins liés aux interventions dans l'entreprise ; elles sont donc plus distantes et souvent plus critiques. C'est à l'analyste de décoder ces écrits pour proposer des interprétations.

Des transformations interprétées positivement

Vers l'ingénierie simultanée chez Renault

Si l'on se réfère à l'industrie automobile – mais la question est la même dans l'aéronautique, les appareils ménagers ou le mobilier de série –, la conception et la fabrication d'un modèle doivent trouver une solution à un double problème :
– faire travailler ensemble, au moment de la conception du véhicule, plusieurs métiers aux cultures différentes : le bureau d'études qui dessine la voiture et pense les fonctionnalités des principaux organes, le bureau des méthodes qui crée les moyens industriels de fabrication, le personnel technique des usines, le service commercial, le service de la qualité, etc. Même si les objectifs de tous ces services se rejoignent pour proposer une voiture de bonne qualité au meilleur marché, leurs logiques immédiates de fonctionnement et de raisonnement divergent la plupart du temps. Enfin, ces spécialistes sont nombreux (plus d'un millier pour un modèle) et il faut leur ajouter certains ingénieurs et techniciens des fournisseurs, dans le cadre de

l'intégration entre constructeurs et sous-traitants (voir ci-dessus) ;
– faire coopérer ces métiers différents dans la conception d'une multiplicité de sous-ensembles dont la cohérence assure la qualité du produit complet. En effet, l'automobile est un produit complexe et l'on peut parler d'intelligence collective pour désigner la mobilisation des savoirs, savoir-faire et intelligences individuelles en direction de la conception de cet objet unique qu'est le produit final.

Ce travail simultané de différents métiers préparant une multiplicité de sous-ensembles intégrés, prend le nom d'ingénierie simultanée. Depuis le milieu des années quatre-vingt, Renault s'est fermement engagé dans cette voie en désignant un directeur de projet à la tête d'une équipe-projet pour chaque nouveau véhicule. Leur vocation n'est pas d'effectuer directement les études, mais d'animer les différentes équipes et d'accélérer la circulation d'informations entre elles pour qu'elles soient plus efficaces afin de réduire les coûts de conception, d'améliorer la manufacturabilité et de raccourcir le cycle de mise au point de chaque modèle.

On a cru longtemps que les difficultés provenaient de l'absence de communication entre directions et services. J.-C. Moisdon et B. Weil montrent[9] que les techniciens de base entretiennent d'étroits rapports et coordonnent informellement leurs activités. Toutefois, quand il y avait un problème conduisant à un conflit technique, ils le laissaient en suspens jusqu'au dernier moment pour un certain nombre de raisons, liées par exemple à l'organisation ou au mode de leur évaluation individuelle. Autrement dit, les connexions informelles étaient insuffisantes pour conduire aux compro-

---

9. J.-C. Moisdon, B. Weil, « L'invention d'une voiture : un exercice de relations sociales ? » *Gérer et comprendre,* septembre 1992.

mis techniques indispensables à la cohérence d'un produit complexe.

Pour résoudre toutes les questions d'intégration entre métiers et entre sous-ensembles, la direction de Renault a mis en place, pas à pas, un double système de groupes de travail horizontaux, animés et soutenus par l'équipe-projet.

D'une part, des groupes-fonctions rassemblent les différents métiers en un seul lieu (les *plateaux*) et substituent à la séquentialité précédente (conception, industrialisation, fabrication...) un travail en parallèle dans le projet. La mobilisation collective des savoirs techniques accroît l'efficacité du travail individuel du dessinateur qui, il faut le dire, peut perdre ses repères par rapport à la situation précédente, ou se trouve stressé dans la multiplicité des négociations, des demandes ou pressions contradictoires.

D'autre part, les groupes transversaux prennent en charge les interfaces des sous-ensembles ou des fonctions dans le produit final. En effet, la cohérence d'ensemble est l'écueil principal de l'ingénierie simultanée : toute modification d'un sous-ensemble a des effets sur son environnement, doit donc être discutée et annoncée au plus tôt à l'ensemble des concepteurs qui développent en parallèle d'autres sous-ensembles. Dans l'absolu, ces itérations devraient être immédiates ; ce que l'on ne sait évidemment pas faire. Les groupes transversaux ont la charge de suivre les interfaces et devraient mobiliser une culture et des savoirs de la relation[10]. Dit autrement, on se rend compte que la complexité ne se «saucissonne» pas. Tandis que la démarche analytique cartésienne sait concevoir des sous-ensembles, y compris en intégrant des métiers différents, il semble que les industriels aient bien du mal à pratiquer, au moment de la conception, une

---

10. J.-C. Moisdon et B. Weil, *Gérer et comprendre*, décembre 1992.

démarche globalisante associant une diversité de composants. Le maintien de rapports hiérarchiques assez forts, une évaluation individuelle déconnectée de la logique des transversalités, des représentations de leurs tâches par les dessinateurs en décalage avec celles des promoteurs du dispositif, pourraient être à l'origine des difficultés[11].

Ainsi, l'ingénierie simultanée continue à chercher sa voie chez Renault. Des acquis notables ont été réalisés en matière de qualité (l'ingénierie n'est pas seule responsable) et de coûts (simplicité accrue des sous-ensembles et des pièces), mais les objectifs de raccourcissement des délais ne sont pas atteints.

S'il n'y a pas de voie royale pour une meilleure intégration dans la conception des produits, les hésitations, les essais manqués et les nouvelles formes de travail constituent un processus cumulatif d'expérimentations souvent dénommé apprentissage collectif. Si le concept peut paraître clair, il élude en fait le fond de la question : comment se déroule ce processus cumulatif ? Qui y participe ? Qu'apprend-on et comment ? Comment et pourquoi le collectif est-il supérieur en efficacité à la somme des efforts individuels ? Plus encore, comment accélérer ou élargir cet apprentissage collectif ? Pourquoi n'est-il pas aisément reproductible ?

L'innovation organisationnelle qui caractérise le nouveau modèle productif recèle ainsi plus de questions que de réponses !

La robotisation d'un atelier de tôlerie

Après l'ingénierie simultanée, on peut observer la mise en œuvre du changement organisationnel dans la fabrication d'un véhicule. Nous prendrons le cas des

11. G. de Bonnafos, « La restructuration de l'activité de conception d'un constructeur automobile », *Cahiers du GIP, Mutations industrielles*, n° 55, Paris, février 1991.

transformations sociotechniques qui ont accompagné la robotisation de la tôlerie de la R19 à Douai[12].

Quoique recommandé depuis longtemps par les chercheurs, c'est l'une des premières fois qu'un industriel anticipe sérieusement la préparation d'une nouvelle production en constituant un groupe-projet deux ans avant le lancement de la série. Celui-ci va peu à peu recruter les futurs opérateurs et techniciens dans les anciens ateliers : non seulement ceux-ci seront mieux formés car ils auront suivi le projet en amont, mais ils seront motivés parce que cette procédure fait du projet *leur* affaire ; enfin, cette pratique permet une gestion prévisionnelle des emplois et des carrières[13].

Le projet de nouvelle organisation de l'atelier repose à la fois sur l'analyse des dysfonctionnements de l'ancienne organisation et sur la reconnaissance par l'encadrement des potentialités des opérateurs. Le dysfonctionnement principal réside dans le cloisonnement entre la fabrication et le service de maintenance-dépannage. Après avoir appris à vivre ensemble, les membres du groupe-projet conçoivent ainsi la future organisation : « Les principes d'exploitation doivent permettre de parvenir à un fonctionnement performant (satisfaction de la demande en qualité, diversité et volume, coût global minimum) : intégration des fonctions de maintenance et de fabrication dans l'équipe de fabrication ; travail d'équipe ; formalisation, à tout niveau, d'indicateurs permettant de suivre la performance, de l'analyser et de la faire évoluer ; organisation évolutive, en fonction de la fiabilisation technique, de

---

12. *Cf.* F. Charue et C. Midler, « Mutation industrielle et apprentissage productif », *in* G. de Terssac et P. Dubois, *Les Nouvelles Rationalisations de la production,* Toulouse, Cépaduès Éditions, 1992.
13. Ce sont autant de principes que nous préconisions dans un ouvrage sur le même constructeur : J.-P. Durand, J. Durand-Sebag, J. Lojkine, C. Mahieu, *L'Enjeu informatique : former pour changer l'entreprise,* Paris, Méridiens-Klincksieck, 1986.

l'acquisition progressive des compétences, mais aussi des évolutions possibles des programmes de production : implication de tous les agents de l'équipe dans les activités de développement, qu'il s'agisse de la fiabilisation des machines ou de l'accroissement des compétences[14]. »

Afin d'expérimenter la nouvelle organisation et de préparer cette véritable révolution des mentalités qui consiste à intégrer des ouvriers de l'entretien dans la fabrication, les nouveaux principes sont mis en œuvre dans l'ancien atelier de la R9/R11, appelée à disparaître pour produire la R19. C'est le moment choisi aussi – puisque la demande de la R9/R11 fléchit tandis que les moyens de fabrication sont très fiables – pour assurer une formation lourde des ouvriers pour les futures installations, y compris en visitant des installations similaires dans d'autres usines. Puis, ces mêmes ouvriers sont peu à peu impliqués dans la mise en œuvre des installations fraîchement implantées.

Concrètement, la fabrication des préséries n'a pas lieu de façon aussi linéaire que prévu sur le papier. Mais les enchaînements d'adaptation-innovation, techniques et organisationnels, sont d'autant plus aisés que les opérateurs, les ouvriers d'entretien et la maîtrise se connaissent déjà bien et sont engagés sur le projet qu'ils s'approprient. Le degré de réactivité de l'équipe aux aléas et aux imprévus est proportionnel à sa préparation technique et à la qualité interne de ses rapports sociaux. En même temps, on constate que les résultats concrets des différentes catégories d'acteur, sont directement liés à leur nouveau rôle tel qu'il se situe dans leur trajectoire professionnelle : ainsi, les opérateurs et en particulier les conducteurs de ligne (en général d'anciens OS « à potentiels », c'est-à-dire en mesure de progresser techniquement) réussissent

---

14. F. Charue et C. Midler, *op. cit.*, p. 192.

mieux que prévu; à l'opposé, les ouvriers et techniciens ne parviennent pas à assurer complètement la fiabilisation dans les temps impartis; enfin, les agents de maîtrise, issus de la fabrication traditionnelle, ne répondent pas aux exigences de polyfonctionnalité dans leur nouveau rôle : animation des relations dans l'équipe et conduite de l'apprentissage, à la fois organisationnelle et technique dans le nouveau système productif.

Tout se passe comme si les premiers, motivés par une promotion (financière mais aussi symbolique), étaient condamnés à réussir tandis que les autres, tout aussi engagés dans le projet, détectaient quelque incertitude sur leur devenir dans la nouvelle organisation.

La conséquence de cette situation fut, malgré les bons résultats des préséries, un retour provisoire à l'ancienne organisation dans laquelle les ouvriers d'entretien retrouvent leur identité et leur statut différencié de la fabrication. C'est, il est vrai, le moment de la montée en cadence où les préoccupations productives du court terme l'emportent sur l'amélioration structurelle du système productif : les problèmes ne sont pas traités sur le fond et l'on met en place des palliatifs afin de tenir les rythmes de fabrication imposés par le planning. Le résultat chiffré est positif puisque Douai bat le record européen, en produisant 1 500 véhicules par jour au bout de six mois et 1 700 véhicules par jour après un an. Malgré tout, les conducteurs de ligne ne retrouvent pas, dans cette sorte de retour en arrière organisationnel, les espoirs qu'ils avaient mis dans le projet original.

L'organisation qui se fige dans la production en rythme de croisière est hybride. Formellement, elle maintient la spécificité de la filière entretien par rapport à la fabrication, mais dans la pratique, les échanges entre les deux entités sont denses et plutôt harmonieux, à partir de la mise en place d'instruments d'amélioration et de mesure des performances. En multipliant les méthodologies d'organisation concrète du travail (par exemple à travers la *total productive maintenance*) et les outils de gestion (tableaux de bord, indicateurs divers…), on a reconstruit des objectifs communs aux différentes catégories ouvrières et réactivé l'animation dans l'atelier.

Ce qui ne veut pas dire que ces outils gestionnaires ou des méthodes participatives suffisent à dynamiser un atelier. Au contraire, c'est parce que la mise en place de ces outils s'inscrit ici dans le long processus initié par la création du groupe-projet, qu'ils sont acceptés et utilisés jusqu'à favoriser les échanges entre groupes catégoriels concurrents et à leur faire partager les mêmes objectifs de l'entreprise.

En même temps, on peut s'interroger : cette situation est-elle satisfaisante ? Permet-elle d'atteindre les objectifs de fiabilisation ? Est-elle durable ? La réponse est négative pour la double raison qui suit. D'une part, le maintien de la séparation structurelle des filières professionnelles de fabrication et d'entretien empêche une coopération profonde et sans suspicion dans les processus de fiabilisation : malgré l'élévation de la qualification des conducteurs de ligne, ceux-ci savent qu'ils ne peuvent accéder au statut envié (symboliquement et pécuniairement) de professionnels de la maintenance. D'autre part, toute amélioration productive réalisée par les professionnels de la maintenance tend à les rendre chaque fois un peu moins indispensables ; leur implication dans ces actions est inversement proportionnelle à leur incertitude des lendemains. Seules des assurances sur leur devenir les conduiraient à changer d'attitude.

Or, si l'on songe à l'accroissement de la complexité de chaque génération d'installation, ce ne sont pas les fonctions techniques qui manquent : peut-être aurait-il été préférable de faire « monter » les professionnels de la maintenance dans les services techniques plutôt que de les faire «descendre» à la fabrication comme ce fut momentanément le cas. La plupart des conducteurs d'installations, prêts à suivre de nouvelles formations, sont en mesure d'accomplir ces fonctions de fabricant-dépanneur. Le débat sur l'organisation d'un tel atelier de tôlerie montre le chemin parcouru, combien il reste à parcourir, et qu'il n'y a en tout cas pas de *one best way* comme le croyait Taylor.

Un atelier autonome dans l'aéronautique

Chez un constructeur européen de moteurs d'avion, on a procédé à une profonde réorganisation du travail au tournant des années quatre-vingt-dix, dans l'atelier de montage. Il s'agit d'un travail qualifié effectué uniquement par des ouvriers professionnels que l'on appelle encore des compagnons. Quoiqu'ils soient déjà responsabilisés et quelque peu autonomes dans leur travail quotidien, la direction de l'unité de montage souhaitait accroître encore leurs résultats en matière de qualité[15] et de délais prioritairement, puis de coûts. L'intérêt pour la qualité dans l'aéronautique n'est plus à démontrer; la question des délais dans le montage est envenimée par les retards de livraison des fournisseurs; enfin, la réduction des coûts ne préoccupe l'activité de montage que depuis le milieu des années quatre-vingt en raison de leur faiblesse (environ 4 %) dans le coût total d'un moteur. S'agissant d'activités complexes de montage, il n'était pas question de les automatiser : d'une part on ne sait pas faire, d'autre part c'est trop onéreux pour les segments où c'est possible.

L'objectif de la réorganisation productive, introduite lors du lancement d'un nouveau modèle, était d'accroître l'implication des compagnons («travailler autrement») et d'exploiter les gisements de producti-

---

15. La fiabilité de ces moteurs est de 99,98 %, ce qui n'est déjà pas si mal !

vité dus à une certaine porosité de leur journée de travail (travailler plus de temps durant les huit heures et travailler plus vite). L'implication des ouvriers repose sur leur propre volonté et sur le contexte social dans l'atelier. Or celui-ci a connu une longue grève de deux mois quelques années auparavant; cette grève n'a pas tourné à l'avantage des compagnons qui n'ont pratiquement rien obtenu mais a affaibli les syndicats. Les ouvriers privilégient maintenant les voies individuelles de promotion, au détriment de la mobilisation et de l'action collective puisque les délégués syndicaux (il est vrai d'une tendance « aventuriste » non représentative nationalement) n'ont pu tenir leurs promesses dans la grève.

Selon des responsables de l'atelier, les syndicats ont déblayé le terrain tandis que la direction l'a occupé. À travers un gros effort de communication en direction des compagnons, il s'agit de prévenir toute revendication ou réclamation en désamorçant tout questionnement dès qu'il apparaît. Ainsi, fait nouveau, chaque chef d'équipe rassemble en salle, une fois par mois, ses vingt ou trente compagnons, pour débattre de toutes les questions relatives au bon fonctionnement de l'équipe et de l'atelier. Ces réunions remplacent en grande partie les syndicats puisque l'on y débat de la vie quotidienne de l'atelier comme on le faisait hier dans les sections syndicales ou avec les délégués. Mais on ne le fait plus contre la direction ou contre ses représentants (le chef d'équipe ou le contremaître), mais avec eux. Tout se passe comme si la direction avait compris qu'il fallait changer de position vis-à-vis des compagnons, en s'intéressant directement à leurs problèmes immédiats, en rétablissant la communication avec eux. Ceci prive les syndicats d'une partie de leur audience, mais d'une partie seulement, puisque nombre d'ouvriers préfèrent être accompagnés d'un ancien militant ou d'un délégué lorsqu'ils ont une requête d'importance à adresser à leur chef. Autrement dit, ce qui a changé, c'est le climat social de l'atelier dans lequel a disparu, en grande partie, la caisse de résonance des mécontentements que constituaient les sections syndicales qui faisaient planer l'incertitude sur le comportement des compagnons face aux décisions édictées par la direction.

Dans cette nouvelle situation, les responsables de l'atelier tentent la mise en place, en 1991, de cette nouvelle organisation productive qu'ils ont inventée localement à partir de ce qu'ils savent des groupes semi-autonomes de Volvo (usines de Kalmar puis d'Uddevalla) et du travail en groupe importé du Japon et de Toyota en particulier. Pour monter les deux sous-ensembles du nouveau moteur, la direction propose le concept d'*atelier autonome*: les équipes (en 2 x 8), ne disposent pas de chef d'équipe et sont rattachées directement à un contremaître qui ne leur consacre qu'un cinquième de son temps. L'allégement de cette structure hiérarchique signifie une responsabilisation accrue des compagnons et leur polyvalence, y compris pour la totalité du contrôle intégré. Ainsi, chaque membre de l'équipe est solidairement responsable de la qualité du produit livré. Pour ce faire, chaque compagnon a reçu une formation complémentaire (cent heures) organisée autour de la cohésion de l'équipe de démarrage: en effet, si celle-ci n'était constituée que de huit monteurs au début, après un an de fonctionnement elle avait absorbé quatorze autres compagnons, deux techniciens qualité et un gestionnaire pour le suivi des approvisionnements.

Les compagnons ont été choisis pour leurs potentialités techniques et leur capacité à vivre en groupe. Pourtant, la direction s'est refusée à prendre les meilleurs afin que l'expérimentation ne soit pas exceptionnelle et qu'elle puisse être généralisée ultérieurement. Les délégués syndicaux ont été écartés de ce premier choix.

Après dix-huit mois de fonctionnement, les résultats sont considérés comme probants. Les gains de productivité sont importants, en partie en raison de la réduction du nombre des salariés improductifs par rapport à l'organisation traditionnelle : les équipes ont effectivement gagné en autonomie. Les compagnons perçoivent un enrichissement de leur travail, une hiérarchie moins pesante et ne souhaitent pas revenir à l'ancienne organisation du travail : ce sont autant d'avantages qu'ils ont échangés contre la non-revendication salariale malgré de meilleurs résultats productifs. La confiance entre la maîtrise et les compagnons s'est accrue, bien qu'une partie de celle-ci doute de la réelle efficacité de l'expérimentation. La responsabilisation des équipes les a conduits à améliorer leurs rapports avec leur environnement (gestion en particulier) puisqu'elles savent qu'elles sont évaluées sur leurs résultats, quoi qu'il arrive. L'intérêt des compagnons pour cette réorganisation apparaît dans la réduction de l'absentéisme qui est passé de 4,5 % en 1990 pour cette catégorie de monteurs, à 1,7 % en 1992 dans l'atelier autonome.

Le travail en équipe autonome permet, semble-t-il, un meilleur épanouissement individuel, on constate, par exemple, que les compagnons débattent beaucoup plus qu'avant avec les responsables de leur environnement technique. Beaucoup sont atteints du «stress de l'agent de maîtrise», ne participent pas aux actions de formation pour tenir leurs engagements en matière de délais et de qualité. En même temps, et en fonction des pesanteurs de l'histoire de l'usine et de la place qu'ont toujours tenu les syndicats dans les relations professionnelles, la plupart des compagnons refusent d'intégrer et de faire totalement leurs les préoccupations et les objectifs de l'encadrement et de l'entreprise. On peut penser que c'est par crainte d'être déconsidérés et jugés comme transfuges par les autres compagnons des secteurs traditionnels; on peut aussi considérer que cette réaction de maintien d'une identité ouvrière forte constitue une résistance face à des lendemains qui déchanteraient : suppressions d'emplois, réduction des revenus, etc. Autrement dit, les avancées du nouveau modèle productif ne sauraient être univoques : elles s'inscrivent dans un contexte – celui de l'entreprise et de l'environnement macro-économique – qui reste menaçant pour les ouvriers.

L'atelier autonome rencontre quelques difficultés à mettre en place des outils de suivi du travail ou bien à faire remonter l'information vers la hiérarchie et vers les services techniques. Tout se passe comme si l'autonomie permettait aussi de faire émerger de nouveaux espaces de liberté inavoués et non encore délimités, dans lesquels les compagnons pourraient mieux résister face à des tentatives de contrôle tatillon de leur activité immédiate. Ici plus qu'ailleurs, le groupe s'impose à l'individu. Quelques-uns des meilleurs ouvriers ont tenté de se faire reconnaître comme leaders par leurs pairs, mais surtout par le contremaître : à chaque fois, les autres compagnons ont fait en sorte que ces ouvriers échouent dans leur tentative, en les empêchant de faire valoir leurs aptitudes (manque de pièces, d'outillage…). Ainsi, la reconnaissance du pouvoir hiérarchique du contremaître s'accompagne du refus d'un *leadership* durable dans l'équipe. Le résultat est la non-prise en compte des performances individuelles par la direction et l'augmentation individuelle et uniforme des salaires pour tous les membres de l'équipe.

Comme nous l'avons déjà dit, la productivité du travail s'est accrue dans l'atelier autonome. Mais les gains de productivité ont été largement absorbés par une augmentation des « manquants » dans le montage de ce nouveau moteur : en effet, le recours massif à des matériaux composites ou la complexité des pièces ont empêché les fournisseurs, et en particulier les autres usines du groupe, d'assurer normalement leurs livraisons. Les principes du nouveau système productif énoncés précédemment ne sont donc pas appliqués avec la meilleure cohérence puisque les défauts d'approvisionnement invalident l'amélioration de l'efficacité organisationnelle de l'atelier autonome. Ce serait omettre que les investissements à réaliser dans les usines du groupe pour livrer à temps leurs composants sont considérables, par rapport à la perte d'efficacité du montage qui ne représente que 4 % de la valeur d'un moteur.

Ainsi, le modèle productif émergent est lui aussi dominé par la priorité accordée au facteur financier, ce qui n'a rien d'étonnant. On peut se demander alors quelle fonction occupe la recherche d'une meilleure productivité du travail quand elle est si grossièrement contredite. N'y a-t-il pas une nouvelle fonction de contrôle social qui accompagnerait certaines des réorganisations productives telles qu'on les connaît aujourd'hui ?

3. Ambivalence des changements et résistances

Dans le chapitre précédent, les études de cas rapportées peuvent être vues comme la mise en œuvre des principes du paradigme productif émergent ; nous avons toutefois montré qu'elles n'étaient pas univoques et, quoique en partie réussies, des forces sociales ou des freins socio-organisationnels limitaient la cohérence des grands principes. Dans ce chapitre, nous poussons un peu plus loin ce questionnement jusqu'à nous interroger sur la réalité structurelle de tels changements en analysant certaines des résistances et des contradictions qui les habitent, y compris au cœur des technologies.

▼▼▼

Les usines Ford sont-elles devenues postfordiennes ?

Aux États-Unis, revues et livres se disputent le cas Ford comme modèle d'un redressement réussi, d'un *management* inventif et de relations de travail exemplaires. Les *success stories* sont l'un des points forts des consultants américains. Pas un congrès, même académique, où un manageur, un consultant, ne fasse présenter sa réussite organisationnelle par un *team leader* ou chef de groupe ouvrier[16].

Chez Ford, chaque interlocuteur explique que les changements d'attitude et de culture proviennent de la nécessité économique de reconstruire la firme qu'ont partagé au début des années quatre-vingt la direction générale, l'UAW[17] et une grande partie des cadres. La même nécessité de transformation pour réussir économiquement existait aussi pour Chrysler et General Motors sans que de tels changements aient lieu. L'explication par les nécessités économiques ne tient donc pas. Pour que ces contraintes accouchent du changement, il faut qu'elles rencontrent des conditions favorables qui semblent avoir été réunies dans la personnalité d'un directeur général (Don Petersen), désigné à la place d'un dauphin plus rigide et traditionaliste (Poling), et dans l'ouverture d'esprit d'un leader syndical (Don Elphin), le tout sur fond d'un apprentissage commun des méthodes japonaises, au Japon, chez Mazda, dont Ford venait d'acquérir des parts du capital.

Le travail de réorganisation générale de l'entreprise a porté principalement dans cinq directions : la « débureaucratisation » des structures, l'intégration des activi-

---

16. Si les gauchistes d'antan montraient des ouvriers à la Sorbonne, c'est aujourd'hui le patronat qui s'en charge.

17. *United Automobile Workers*, seul syndicat ouvrier dans l'industrie automobile nord-américaine (États-Unis et Canada).

tés de conception et de production, l'amélioration des fournitures des sous-traitants, le rapprochement avec les concessionnaires et la mobilisation des salariés et des ouvriers en particulier. Nous ne traiterons ici que de la dernière transformation.

Le programme d'implication des salariés

L'implication effective des ouvriers a eu lieu à partir de la mise en œuvre de l'*Employee Involvement Program* (EI), qu'il faut considérer comme un processus s'inscrivant dans la durée : démarré en 1978-1979, il n'a porté véritablement ses fruits qu'à partir de 1985-1986, tandis que l'ensemble des usines est loin d'avoir adhéré au mouvement.

À l'origine, le programme fut combattu par l'UAW qui y voyait un substitut à l'action syndicale ou une japonisation rampante de l'industrie américaine, tandis que la maîtrise craignait de voir son autorité sapée. En 1979, seulement quatre directeurs d'usine sur les soixante présents à une réunion de direction ont accepté de s'engager dans la nouvelle voie. Les deux cents volontaires de chaque usine avaient pour objectif de contribuer à résoudre des problèmes de production et de qualité en avançant des propositions. Peu à peu, leur pouvoir d'organiser leur travail, d'arrêter la fabrication pour des raisons de non-qualité, s'est accru.

Pour les thuriféraires du nouveau système, il s'agissait d'un changement d'état d'esprit et d'attitude au bénéfice des deux parties. À la question «comment motiver les ouvriers?» le responsable du comité de pilotage de l'EI répondait : «Je ne veux même pas que quelqu'un parle de motivation. Nos salariés n'ont pas besoin de nous pour être inspirés. Ils sont déjà motivés. Nous avons juste à supprimer les obstacles et ils participeront d'eux-mêmes[18].» Le même dirigeant aime

---

18. Cité par R. Shook, *Turnaround : the New Ford Motor Company*, New York, Basic Book, 1990, p. 89.

reprendre à son compte ce qu'il désigne comme un changement de culture de l'entreprise et qu'il tient d'un directeur d'usine chinois de Taiwan : « Nous avons fait un énorme travail en utilisant les capacités physiques et mentales de nos ouvriers. Mais la vraie rupture viendra quand nous aurons capturé leurs cœurs[19]. »

En un mot, le changement de culture repose sur le double engagement du syndicat et de la direction de l'usine. Seules les usines où les deux parties ont pu trouver un accord se sont peu à peu engagées dans l'application du programme EI. Celui-ci repose sur une charte dont la mise au point fut laborieuse, tant l'ordre des 3 P *(people, products, profits)* donnait lieu à discussion. Le consensus s'établit en plaçant les hommes en premier dans la liste des valeurs communes à toute entreprise :

« – *les hommes* : nos salariés sont le fondement de notre force. Ils sont l'intelligence de la firme et décident de notre réputation et de notre dynamisme. L'implication et le travail de groupe sont nos valeurs de base ;

– *les produits* : nos produits sont le résultat final de nos efforts et ils doivent être les meilleurs au service des consommateurs du monde entier. Ils sont notre image ;

– *les profits* : les profits sont la meilleure mesure de la manière dont nous satisfaisons nos clients. Les profits sont indispensables à notre survie et à notre croissance. »

La *Dearborn Assembly Plant* (DAP) fut l'une des premières unités à mettre en place l'EI (octobre 1980). Le comité de pilotage, codirigé par le management et l'UAW, comprend treize membres (dont six représentants de l'UAW) auxquels se joignent trois coordinateurs et facilitateurs qui sont l'exécutif pratique de programme (dont un à deux membres de l'UAW). Le comité

---

19. *Ibid.*, p. 90.

coordonne sept groupes d'action correspondant aux grandes fonctions de l'unité : châssis, assemblage, maintenance, peinture, logistique, sellerie et prélivraison. Chaque groupe d'action rassemble les responsables du département et des représentants de l'UAW.
L'objectif de l'EI est un véritable changement de culture dans le travail et dans l'atelier, impulsé d'en haut, il est vrai, mais consécutif à un engagement réciproque du *management* et des *leaders* syndicaux de travailler autrement, c'est-à-dire d'accroître la productivité du travail et la qualité du produit pour faire face ensemble à la concurrence japonaise. Les buts du processus de l'EI s'affichent ainsi :
« – améliorer la qualité de la vie au travail ;
– améliorer les comportements ;
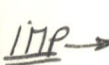– améliorer les relations de travail ;
– améliorer les communications entre tous les travailleurs ;
– accroître la qualité du produit. »
Pour ce faire, les membres du comité s'engagent à maximiser la participation des salariés à travers le développement de nouvelles voies de participation, à éliminer les appréhensions qui limitent le plein engagement, à valoriser les salariés qui auront participé et à mettre en œuvre un calendrier qui permettra aux réunions EI de se tenir durant le temps de travail. En même temps, s'il est reconnu que le processus EI est bien un processus conjoint, tandis que la participation est un acte volontaire, l'accord *management*/UAW stipule que « l'EI ne remplacera pas les négociations collectives ou les procédures de plaintes[20] et qu'il ne sera

---

20. Cette procédure fait partie de l'arsenal juridique très complexe des relations de travail en Amérique du Nord. Les délégués syndicaux aux doléances (qui se situeraient entre les délégués CHSCT et les délégués du personnel en France) reçoivent les plaintes des salariés (conditions et rythmes de travail, disjonctions entre le travail à effectuer et la

pas affecté par les conflits pouvant apparaître dans ces instances ».

L'engagement des salariés s'est essentiellement concrétisé à travers le travail en groupe. Ce concept est devenu la grande révolution organisationnelle de la fin des années quatre-vingt aux États-Unis. Le *Dearborn Assembly Plant* est aujourd'hui structuré à partir de groupes de sept à douze personnes (jusqu'à vingt personnes au maximum) qui ont la responsabilité qualitative et quantitative de la production. Pour atteindre leurs objectifs (débattus avec la maîtrise) ils coordonnent leurs activités et ne se considèrent plus responsables de leur seul segment de fabrication. Cette recomposition du travail conduit à une meilleure atmosphère dans l'atelier qui évite le gaspillage et le travail inutile, soit une meilleure productivité et une qualité accrue du produit. La transformation la plus visible réside dans la réduction du nombre de classifications : on ne comptait pas moins de quatre-vingt-trois classifications répertoriées dans l'accord de 1984 pour les ouvriers horaires, qui sont réduites à environ seulement cinq classifications dans l'accord de 1993.

Si les relations de travail sont modifiées (moins de plaintes étayées par ce système complexe des classifications) et l'activité de chacun élargie, en particulier à partir des actions de formation déjà citées, le contenu des tâches reste assez proche de ce qu'il était et l'intervention des ouvriers horaires n'atteint que très rarement ce que nous dénommons en France dépannage ou maintenance de premier niveau. (Voir ci-dessus à propos de la robotisation d'un atelier de tôlerie.)

classification, etc.) et sont chargés de trouver une solution avec les responsables du département ou de l'usine. Le durcissement des positions des deux parties peut conduire au ralentissement du travail (hier très fréquent) ou à l'arrêt de travail s'il est avalisé par la direction de l'UAW.

Les *leaders* de groupe sont désignés-élus par le groupe en étroite relation avec l'UAW. C'est dire l'engagement de l'UAW dans le processus d'EI et l'importance symbolique de sa caution (on rappellera que les ouvriers de l'unité sont syndiqués à 100 %). Ainsi, le chef de groupe est aussi en passe de devenir un élu syndical. Lorsqu'il s'avère que le *leader* ne convient pas au groupe, celui-ci peut, après quelques semaines, demander au syndicat d'organiser de nouvelles élections.

Le rôle du *leader* de groupe a donc une fonction essentielle dans la production présente tandis qu'il entame en partie les prérogatives de la maîtrise. C'est l'encadrement qui a le plus freiné au niveau général de Ford, l'idée puis la mise en place de l'EI. Non seulement les agents de maîtrise avaient une conception autoritaire de leur fonction qui entrait en contradiction avec l'esprit de l'EI, mais surtout ils s'inquiétaient de voir les ouvriers faire leur travail : « Pourquoi Ford a-t-il besoin de moi s'ils sont en train de demander à ces gens de participer et de prendre des décisions ? », s'interrogeait un contremaître.

À Dearborn comme ailleurs, les tensions entre maîtrise et chefs de groupe ont été vives. Mais les agents de maîtrise et les contremaîtres ont dû modifier leurs culture et leurs pratiques ou se démettre : c'est la fin du commandement direct autoritaire sans explication ni justification. Ce changement de comportement a été imposé conjointement par la direction de Ford et par celle du syndicat (la maîtrise, considérée comme col blanc, n'est pas syndiquée à l'UAW) au sens où la direction de Ford a longuement soutenu les *leaders* de groupes (aussi, de fait, les élus syndicaux) tout en recherchant des compromis.

Aujourd'hui, on va jusqu'à parler de *comanagement* entre les agents de maîtrise et les *leaders* de groupe. Ce qui n'est pas sans conséquence sur l'identité du syndicat. Pour certains opposants à la ligue syndicale conciliatrice, le télescopage des fonctions conduit à des situations où l'élu syndical perd ses préoccupations syndicales au bénéfice des contraintes productives et managériales; ce qui conduit les ouvriers à les désavouer et nuit à l'image du syndicat.

Globalement, certains bons résultats commerciaux et financiers font de Ford une nouvelle *success story*. Il reste toutefois des questions qui peuvent faire ombrage au tableau. Par exemple, combien d'unités vivent réellement au rythme de l'*Employee Involvement*? Très peu, semble-t-il, quoique l'on ne parvienne pas à obtenir une réponse précise.

Plus exactement, quelle est la profondeur sur le plan théorique du changement intervenu avec la mise en œuvre de l'EI et du concept de travail en groupe? Nous en avons vu les effets essentiels: amélioration de la qualité du produit, de la productivité et réduction des classifications; amélioration des relations de travail (et de la qualité de la vie au travail).

Mais la réintroduction de la confiance entre ouvriers et direction a-t-elle modifié la division du travail entre ouvriers et organisateurs du travail? En un mot, le nouveau Ford constitue-t-il un tournant, dépasse-t-il le fordisme bien connu?

En un sens oui, puisqu'il est demandé un *investissement subjectif* des ouvriers dans leurs tâches (investissement aujourd'hui reconnu comme indispensable), alors qu'hier, on prescrivait autoritairement les tâches en déniant tout investissement personnel dans le travail réel. Aujourd'hui, les opérateurs savent ce qu'ils font et pourquoi ils le font et ont l'initiative *dans* l'équipe de travail.

Mais ils ne décident en rien de l'organisation générale de la production et des constructions machiniques qui induisent les tâches manuelles et intellectuelles à effectuer. Voilà pourquoi la réforme nous paraît limitée (même si elle a des implications importantes au niveau de la compétitivité) et pourrait se résumer à une nouvelle tension entre l'autosubordination des opérateurs à l'organisation générale et la rationalisation de leur subjectivité dans le processus généré par cette dernière.

Enfin, cette mutation a lieu au cœur d'une récession économique avec un syndicalisme resté puissant, quoique divisé par rapport à l'implication des ouvriers. Ce sont autant de raisons qui, chez certains industriels, peuvent faire apparaître de telles transformations comme non nécessaires.

Récession économique, syndicalisme et nouveau modèle productif

Le syndicalisme est bien souvent présenté comme rétrograde ou comme facteur essentiel de contre-productivité de l'entreprise, ce qui peut être, dans certains cas, une réalité. Mais au lieu de se satisfaire d'une telle présentation, quelque peu partiale, il serait souhaitable de comprendre les fondements des positions syndicales ou ouvrières quand elles sont seulement défensives du *statu quo*.

Dans la valorisation symbolique généralisée du profit d'entreprise à laquelle on assiste depuis une quinzaine d'années, il y a un télescopage, ou une confusion entretenue, entre les avantages des actionnaires (la rémunération du capital) et les conditions de survie de l'entreprise (le nécessaire investissement). En mettant sans cesse l'accent sur le deuxième terme, la tendance lourde du moment évacue le premier terme de la confusion et fait passer toute revendication salariale, y compris du simple maintien du pouvoir d'achat, pour un abus qui met en cause la survie des entreprises. Il paraîtrait pour le moins logique qu'on place au moins sur le même pied d'égalité la défense des rémunérations du travail et celle du capital.

Il semblerait donc judicieux d'entendre, dans le discours syndical public, rien de plus que ce que l'on entend dans les conseils d'administration : une revendication pour la défense des rémunérations. En même temps, il faut reconnaître que l'insistance syndicale pour se faire entendre tient au fait que les salariés, en particulier ceux des niveaux inférieurs, ne disposent d'aucune garantie quant au partage des résultats financiers, ou des gains de productivité auxquels ils peuvent contribuer grandement.

C'est à travers cette analyse que l'on peut comprendre l'obstination de leur discours et surtout leur attachement à perpétuer des pratiques productives qui apparaissent dépassées, mais qui sont le principal rempart contre les incertitudes d'un nouveau système productif dans lequel ils n'ont aucun contrôle sur les conditions de travail, sur la rémunération de leurs efforts ou sur le maintien de leur emploi. En particulier, les ouvriers américains de l'industrie automobile ont conscience que leurs revenus ont nettement diminué en une décennie (18 % en dollars constants selon l'UAW), tandis qu'ils connaissent des cadences de travail plus élevées dans les *transplants* japonais sans syndicat ou dans les usines des *joint-ventures* qui ont accepté les conditions des directions.

La défense des conditions de travail, des revenus et de l'emploi apparaissent ainsi comme les mobiles réels d'un *statu quo* organisationnel qui protège les salariés. C'est aussi vrai des ouvriers que du personnel des bureaux (en particulier de conception-industrialisation) qui défendent le *statu quo* pour des mobiles voisins. Dans les ateliers américains, l'un des meilleurs remparts a été – et est encore – la multiplicité des classifications qui rigidifie l'organisation du travail et contraint la maîtrise et la direction à accepter les conditions fixées par les ouvriers, sous peine de mettre en route des freinages, voire des arrêts de travail, à partir des

procédures de plaintes et de doléances *(grievances)*. Autrement dit, l'attachement des ouvriers aux formes traditionnelles (et fordo-tayloriennes) de travail ne repose pas sur un conservatisme atavique comme on le laisse trop souvent entendre. Il est fondamentalement le meilleur outil ou le meilleur rempart de leur condition de salariés. La meilleure illustration de cette analyse est peut-être la situation actuelle de General Motors. Après avoir été victime de l'illusion techniciste qui lui a coûté plus de quarante milliards de dollars en cinq ans pour des investissements de productivité qui n'ont jamais atteint leurs objectifs, General Motors doit résoudre à la fois un problème de surcapacité (il est prévu vingt et une fermetures d'usines et 74 000 suppressions d'emplois pour les quatre années à venir) et un problème de productivité (peut-on mobiliser des hommes menacés par le licenciement?). En dehors des quelques usines ayant accepté la nouvelle organisation du travail, les ouvriers et leurs représentants UAW de la base refusent très largement le travail en groupe et exigent le maintien de l'organisation traditionnelle du travail. Ils n'acceptent qu'une certaine polyvalence qui est rémunérée cinquante *cents* de l'heure (soit environ 3 % du salaire horaire). Le compromis aujourd'hui en vigueur sous l'appellation de *synchronisation* vise :
– à conserver à l'UAW la garantie du droit de regard et d'une certaine maîtrise sur les licenciements (en particulier pour éviter la mise en concurrence des unités à fermer);
– à accroître la productivité du travail (plus 15 à 25 %) à travers le maintien de l'organisation actuelle du travail, c'est-à-dire le maintien des chefs d'équipe qui prescrivent le travail aux ouvriers horaires.
Ce compromis est le résultat de la double préoccupation de la direction (surcapacité/accroissement de la productivité) et de la double réponse de l'UAW (maîtrise sur les licenciements/défense globale des ouvriers).

Bien sûr, ce compromis multiplie les questions : est-il viable ? Peut-on, dans les conditions actuelles du marché, produire assez de variétés, de qualité, à faible coût pour que General Motors survive ? Les trois à cinq années à venir répondront à ces questions ; mais il reste que la confirmation du taylorisme-fordisme chez General Motors, même légèrement amendé, comme solution à la crise, est une jolie grimace à la thèse selon laquelle la réorganisation fondamentale du travail est une nécessité pour sortir de la crise : ce *one best way*, même nouveau, n'est pas inscrit dans l'histoire.

Les fausses réalités du changement productif

Loin de nous le rejet de l'idée d'une cohérence entre les exigences actuelles du marché, des systèmes techniques de production et d'une réorganisation productive. Selon Pierre Veltz, « l'orientation majeure de ces nouveaux projets de rationalisation est de rechercher cette compétitivité par une meilleure coordination-intégration à l'échelle du "système de production" dans son ensemble et non plus seulement de telle ou telle de ses parties. Ceci est cohérent avec le fait que, techniquement, l'impact majeur de l'automatisation informatisée ne se trouve pas dans l'augmentation "locale" de performance (en quantité, qualité ou même flexibilité) mais dans le potentiel de coordination-intégration et de mise en réseau des dispositifs, des opérations et des séquences de production, y compris dans la relation aux marchés des fournisseurs et acheteurs[21]. » Au-delà de cette cohérence souhaitable, la question qui nous est posée est celle de l'inéluctabilité de la réforme de l'organisation productive. Dans bien des

21. P. Veltz, « Rationalisation, organisation et modèles d'organisation dans l'industrie », *in* P. Cohendet et *alii*, *L'Après-taylorisme*, Paris, Économica, 1988, p. 24-35. *Cf.* aussi, du même auteur, « Déstabilisation et résistance du taylorisme », art. cité.

cas, les forces de conservation empêchent l'éclosion d'un nouveau système. Ou bien l'ancien système à peine ravalé se présente sous le label de la nouveauté, ou bien encore le système productif ancien est affiné ou systématisé pour atteindre les mêmes performances que le nouveau.

Les résistances à l'émergence d'un nouveau système productif

L'ensemble de ces résistances provient de l'héritage fordien-taylorien qui a fossilisé des organisations et structuré des conflits d'intérêts entre catégories qui leur font oublier l'objectif général de l'entreprise. Le plus étonnant est que les promoteurs des changements de système productif se détournent de ces problèmes de fond pour proposer des aménagements ou des solutions qui ne s'attaquent pas à ces questions structurelles. On traitera ici successivement un certain nombre de secteurs.

– La non-intégration entre conception et industrialisation

L'intégration fonctionnelle est l'un des principes fondateurs du système productif émergent, voir page 94). Cette intégration peut être informatique et on parlera d'intégration par les données échangées entre les composantes. Elle peut aussi être organisationnelle : il s'agira alors d'imbrication d'activités des diverses fonctions. La circulation aisée des hommes ou les échanges de personnels témoignent de cette intégration car ils sont le moyen d'unifier les cultures et de favoriser les apprentissages des divers « métiers » spécifiques. Au contraire, l'absence de mobilité des personnels, la rétention d'information, les réticences aux coopérations extérieures, la personnalisation dans les rapports sociaux sont les signes d'un fort cloisonnement; on y a reconnu l'entreprise française (ou anglo-saxonne).

Pour briser ce cloisonnement fondamentalement social, on recourt en France de façon privilégiée aux technologies de l'information et de la communication, et en particulier à la conception et fabrication assistée par ordinateur (CFAO) ou à la gestion de production assistée par ordinateur (GPAO). L'illusion techniciste consiste à utiliser une technologie communicante pour organiser la communication dans l'entreprise, ce qui revient à vouloir forcer le socio-organisationnel par des coups de boutoir techniques; on retrouve bien ici les préférences pour un modèle technocentré. Le résultat est trop souvent le suivant : ou bien les technologies se moulent dans le social et chacun utilise l'application de son choix et délaisse la communication-intégration, ou bien les systèmes d'information particuliers se multiplient sans communiquer entre eux, et l'on a construit une Babel informatique qui justifiera à son tour le cloisonnement fonctionnel.

D'autres tentatives de décloisonnement ont été conduites sur le strict plan socio-organisationnel, en substituant à la logique fonctionnelle celle du produit. Les résultats, en général plus satisfaisants, ont tout de même buté sur deux types d'écueils : ou bien la reconstruction d'un nouveau type de «féodalité» dans les nouveaux groupes-projets (voir page 99), ou bien une forte désorganisation puisque les personnels appartenant aux groupes-projets résistent à toute activité externe, par exemple de suivi-amélioration des produits existants.

Globalement, l'intégration des fonctions et les synergies qui devraient naître de l'imbrication des métiers (soutenues par l'utilisation des technologies de la communication) ne sont pas apparues. C'est justement l'existence de ces métiers ou de services aux frontières trop solidement établies qui bloquent l'avènement du nouveau modèle productif : ils sont la permanence historique du fordisme classique et de la flexibilité statique. Ce qui explique la faible réduction du temps de conception des nouveaux produits par rapport aux objectifs énoncés mais aussi le rejet vers l'aval (industrialisation, fabrication) de certains problèmes techniques non résolus par les études.

La transformation de l'héritage organisationnel fordien en un nouveau modèle ne peut se faire de la seule manière volontariste qui a si souvent cours. Qui a intérêt à une telle transformation ? Et surtout, qui n'y a pas intérêt, ne sachant quel sera son futur ? Bien sûr, ces derniers sont toujours plus nombreux que les premiers ! En l'absence d'une culture généralisée du risque permanent, il est indispensable de découvrir les avantages que pourront tirer les partisans de telles transformations organisationnelles pour les faire valoir à leurs yeux. Plus profondément, il est nécessaire de découvrir quelles attentes des salariés peuvent être satisfaites à travers ce réaménagement : contreparties financières, travail plus intéressant, réduction de la durée du travail, climat plus détendu dans le bureau, mobilité accrue, etc.

Or il apparaît que les réorganisations sont trop souvent conçues sans préoccupation de leur réalisation concrète, c'est-à-dire sans la préparation des leviers sociaux de leur mise en œuvre.

– L'évolution des conducteurs d'installations automatisées

Les mêmes questions sont posées dans l'espace de fabrication avec peut-être plus d'acuité, parce qu'il occupe plus de salariés dont le travail est bien souvent peu intéressant mais aussi parce que les transformations à effectuer apparaissent plus profondes et multidimensionnelles.

Pour ces raisons, et parce qu'une grande partie des décideurs sont extérieurs aux ateliers, les distorsions – pour ne pas dire l'opposition – est trop grande entre ce que l'on attend des salariés et ce que l'entreprise leur offre. Cette distance entre les efforts demandés et les contreparties offertes signifie qu'une large part des attentes des salariés n'est pas satisfaite : leur engagement est donc à la hauteur de leur insatisfaction. Que l'entreprise n'offre pas aujourd'hui ces contreparties tient au fait que le *management participatif* apparaît plus comme un discours au sens où les réformes préconisées restent de surface, tandis que le nouveau modèle productif réclame des transformations structurelles.

L'indéniable élévation de la qualification des opérateurs (la plupart du temps d'anciens OS ayant été formés) fait la fierté des directions d'entreprise qui pensent tenir là la preuve irréfutable de la révolution opérée. D'une part, ils omettent de préciser que la grille de ces nouveaux professionnels de fabrication se situe en général en dessous de celle des professionnels de la maintenance, en particulier en matière de promotion et de fin de carrière. D'autre part, les conducteurs de ligne ou opérateurs n'effectuent que le dépannage superficiel de premier niveau et doivent appeler la maintenance pour les interventions de deuxième et troisième niveaux.

On entrevoit ici toute l'ambivalence des transformations : s'il y a requalification incontestable des opérateurs, le schéma global s'inscrit dans le maintien d'une division hiérarchisée du travail entre fabrication et maintenance. Plus encore, on peut montrer qu'il reproduit le cadre figé de l'organisation tripolaire – fabrication, entretien, méthodes – dominé par ces dernières. Certains cadres voulant à tout prix démontrer le caractère novateur de l'organisation présente font état des circulations de personnel entre les trois pôles, lesquelles sont évidemment indéniables. Pourtant, l'affectation en fabrication de mécaniciens, voire d'électriciens, dépendant hier des services de maintenance, signifie surtout la déchéance de leur statut : ils deviennent des ouvriers interchangeables à la fabrication tandis que les spécialistes de haut niveau restent basés à l'extérieur de l'atelier.

Sauf exceptions, les transformations apparaissent comme des micro-changements qui se coulent dans les structures organisationnelles et de division du travail. Le résultat principal est une rapide lassitude des intéressés qui, après quelques mois dans leur nouvelle situation de travail, la vivent bientôt comme une routine. En dehors des exceptions qui ont destructuré les anciennes fonctions pour en recomposer de nouvelles, beaucoup plus élargies, l'intérêt pour le travail effectué baisse d'intensité après une ou deux années dans la nouvelle organisation.

– Les procédures de qualité totale, de maintenance d'exploitation globale, de juste-à-temps, etc.

Toutes ces procédures ont au moins quatre fonctions fortement imbriquées : une fonction technique qui est leur raison d'être officielle, une fonction de mobilisation des salariés à travers la démarche participative qui les accompagne normalement, une fonction de rationalisation du travail qui établit de nouvelles normes de conduite au plus près des salariés, et une fonction de formalisation-objectivation des savoirs et des savoir-faire par les bureaux des méthodes pour généraliser leur diffusion.

En fait, ces procédures, à travers leur dimension technique, visent à pallier l'absence de transformations structurelles ; mais ces nouvelles rationalisations normatives ou l'objectivation des savoir-faire n'en font pas une priorité du côté des opérateurs ! À l'opposé, dans le cadre de réformes structurelles qui verraient l'autonomie des groupes de travail et des opérateurs très élargie, avec une plus grande responsabilisation (contrat d'objectifs, moyens techniques et humains décentralisés à travers justement cette réforme structurelle), avec une maîtrise de l'organisation et de la division du travail, toutes ces démarches s'inscriraient « naturellement », c'est-à-dire structurellement et de façon coordonnée (intégrée) dans l'acte de fabrication (ou de conception). Or ce n'est pas le cas. Ou bien ces procédures se veulent moteur du changement technique et de transformations sociales mais s'inscrivent dans les structures rigides héritées et s'y coulent : leur application apparaît alors très édulcorée. Ou bien l'une ou l'autre de ces démarches arrive en appui à un changement technique ou tente de contrebalancer une routinisation rampante, consécutive à un changement déjà digéré. Il s'agit là d'une tentative de mobiliser les hommes sur des objectifs techniques à travers la transformation de rapports sociaux locaux.

Dans tous les cas, et parce que l'on ne vise pas le renversement des structures rigides héritées, ces procédures apparaissent largement comme un cautère sur une jambe de bois. La preuve en est – dans les situations les plus désastreuses, il est vrai – la rapidité de succession de ces procédures pour maintenir en haleine les opérateurs ; lesquels, à la troisième ou quatrième vague de ce type de procédures, sont complètement désorientés et ne croient plus aux possibilités de changement. Sans compter que ces procédures, toujours parachutées, sont bien souvent initiées par des centres de décision concurrents et n'ont que trop peu de liens entre elles !

– *Encadrement et gestion par l'incertitude*

L'ensemble de ces hésitations et la reproduction de l'ancien sous les habits neufs d'un nouveau système productif se cristallisent dans la crise de l'encadrement et plus particulièrement de la maîtrise d'atelier. Chacun s'accorde à lui voir perdre peu à peu son rôle d'encadrement du personnel au bénéfice de fonctions de gestions humaine, technique et économique. Pour autant, tout se passe comme si l'encadrement n'avait pas les moyens de sa politique. En effet, s'il possède des prérogatives en matière de gestion du personnel, il n'a pas d'autonomie suffisante (classification, mobilité, primes) pour assumer ses responsabilités. Il en est de même la plupart du temps sur le plan technique, où l'encadrement ne contrôle pas les paramètres indispensables : nature des installations, état du brut, maîtrise des achats, etc. La gestion de ces paramètres est de plus en plus centralisée et lui échappe chaque jour un peu plus. Les difficultés de l'encadrement se résument à ce défi qui consiste à créer de nouvelles fonctions et un nouveau statut au cœur de ces transformations qui refusent la rupture radicale avec l'ancien modèle productif.

Dans cette situation perturbée, un autre malaise frappe de plein fouet la plupart des salariés : l'incertitude[22] du lendemain. Cette dimension reste très peu commentée, elle est pourtant essentielle. Comment envisager de mobiliser un salarié, qu'il soit ouvrier ou employé, s'il ne sait pas ce qu'il fera l'année suivante – au chômage, dans la situation la plus noire ou dans une nouvelle fonction sans espoir de promotion après une mobilité contrainte ? Alors, la préoccupation première n'est plus offensive (accroître les performances) mais plutôt défensive (rechercher les protections pour éviter une régression toujours possible, en particulier au-delà de la quarantaine).

Si l'un des principes fondateurs du nouveau modèle productif est le compromis salarial visant à établir sur le long terme une relation de confiance et un meilleur partage des fruits de la performance, il apparaît urgent d'écarter les sources d'incertitude à l'origine du malaise des salariés.

---

22. Le conflit de l'automne 1991 à Renault-Cléon avait pour origine une multiplicité de malaises dont la plupart étaient liés à l'incertitude. Et ce n'est que la formulation fordienne (1 500 francs d'augmentation pour tous) qui lui a donné son unité.

Après ce constat sur la difficile émergence du nouveau modèle productif en France, laquelle s'apparente plutôt à un aménagement de l'ancien, on peut risquer un diagnostic en répondant aux questions : quels effets aurait l'implantation de la maîtrise du procès de travail sur les lieux de fabrication eux-mêmes ? Qui peut se sentir menacé par une telle révolution ? Sans trop entrer dans les détails, on perçoit que l'ensemble technique constitué autour du bureau des méthodes est le premier concerné : ingénieurs, techniciens, agents des méthodes, programmeurs, chargés de l'ordonnancement, du planning, des lancements, etc.

En fait, une analyse stratégique montrerait que les hommes de cette fonction, prise au sens large, se sont constitués en *groupe social* possédant une culture et des rites de fonctionnement : c'est ce groupe social qui *fait* la politique de la fabrication – y compris quelquefois contre ses avis – c'est lui qui met en place les procédures technico-organisationnelles nouvelles, dites participatives. C'est à travers ce groupe, constitué en force sociale, que passent toutes les réformes ; on ne voit pas pourquoi il favoriserait des réformes qui entameraient ses prérogatives. Seules les propositions qui réaménagent les responsabilités et les fonctions à sa périphérie (par exemple les rapports maintenance/fabrication ou fabrication/contrôle) sont pour lui acceptables, en particulier quand elles ont un aspect centralisateur qui élargit ses prérogatives (centralisation des décisions techniques ou du contrôle de qualité dans des ensembles complexes).

Il ne s'agit pas de crier haro sur les bureaux des méthodes, mais simplement d'évaluer combien le nouveau modèle productif dans ses orientations profondément antitayloriennes vise la dilution dans l'ensemble de l'atelier des fonctions concentrées autour des méthodes : non seulement les décisions seraient prises au plus près des lieux d'application, mais la recomposition du travail et son approfondissement technique et organisationnel mobiliseraient les hommes et accroîtraient les performances productives. Autrement dit, les efforts de rationalisation continuent d'avoir lieu à travers les procédures du taylorisme (le corps de spécialistes créé par Taylor et devenu bureau des méthodes) alors qu'ils devraient être effectués par les agents de fabrication eux-mêmes. Ceci correspond à la perpétuation du modèle taylorien, caractérisée par le maintien sur les installations productives d'un personnel interchangeable (dont la qualification a été récemment relevée), accompagnée de l'éloignement des personnels confirmés (techniciens OHQ de l'entretien, agents des méthodes) qui détiennent la connaissance théorique du procès de fabrication. Et ce n'est pas la richesse et la variété des discours sur les changements opérés qui peuvent modifier cet état de fait.

Les habits neufs de MM. Ford et Taylor

Au-delà des résistances plus ou moins déclarées à la mise en œuvre de nouveaux principes productifs, nous avons rencontré une multitude de situations dans lesquelles les directions déclarent transformer les structures productives mais ne procèdent qu'à des changements de façade. L'ancien système, à peine ravalé, se présente comme du neuf : c'est le *Canada dry* du nouveau modèle productif.

D. Linhart propose un ouvrage entier sur l'éternelle modernisation des entreprises françaises que les managers ne sont pas en mesure de mener à bien parce qu'ils refusent d'accorder leur confiance aux salariés subalternes : « Le double décalage qui existe dans le cours de la modernisation des entreprises entre d'une part ce qu'elles prétendent faire (une rupture avec la logique taylorienne, l'amorce d'une véritable décentralisation, la marche vers plus d'autonomie interne) et ce qu'elles font réellement (un approfondissement du taylorisme à travers une plus forte standardisation et intégration), et d'autre part la place de choix qu'elles accordent aux exécutants dans le redéploiement interne de l'entreprise (via tous les groupes de concertation à l'initiative patronale) et le rôle qu'elles leur conservent dans l'activité réelle et concrète de production, rôle inchangé, toujours marqué du sceau taylorien, ce double décalage peut-il déboucher sur autre chose qu'un désarroi, un retrait des exécutants ? [...] La réticence des entreprises à s'engager dans un processus de révision des principes de la division du travail, de refonte de l'organisation du travail, risque de se retourner directement contre elles. De mettre à mal leur projet de modernisation pour lequel elles font tant d'efforts[23]. »

Mais il y a plus : certaines composantes essentielles du système japonais, que l'on retrouve au cœur du système productif émergent, ne sont ni un renversement ni un dépassement du fordisme, mais plutôt son affinement, son renforcement et son approfondissement. On peut prendre comme exemple l'utilisation du travail humain selon T. Ohno, ingénieur de Toyota et l'un des fondateurs du futur toyotisme. Selon lui, dans l'industrie automobile, « il faut chercher à optimiser le travail avant d'optimiser les installations. À elle seule, l'optimisation du travail devrait aboutir à une amélioration de 30 à 50 % [...]. Il est très important de ne pas mélanger optimisation du travail et optimisation des installations. Si l'on commence par cette dernière, les coûts augmentent au lieu de baisser[24]. » Nous sommes ici au cœur de la théorie de Ford qui luttait contre la porosité de la journée de travail des ouvriers en rappelant à qui voulait l'entendre que « la marche à pied n'est pas productive » ; d'où l'invention du convoyeur qui deviendra

---

23. D. Linhart, *Le Torticolis de l'autruche*, Paris, Seuil, 1991, p. 86-87.
24. T. Ohno, *L'Esprit Toyota*, Paris, Masson, 1989, p. 77.

en France la célèbre chaîne de montage. T. Ohno accompagne ses affirmations du croquis suivant, qui est la plus belle illustration de la chasse aux temps morts.

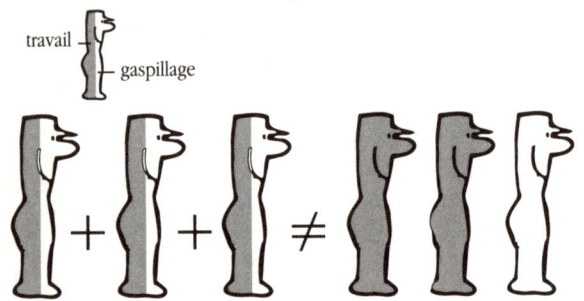

Trois fractions d'homme ne font pas un homme

Par ailleurs, le toyotisme apparaît comme la poursuite du fordisme et sa systématisation dans la *fluidification* du processus de fabrication des industries manufacturières (automobile, appareils ménagers, électronique grand public...). Il y a des ruptures possibles à cette fluidification, comme le montrent les expérimentations d'Uddevalla[25].

Ce n'est pas la voie retenue par la majorité des industriels qui préfèrent recourir aux enseignements du toyotisme et de la production au plus juste qui en découle[26]. Dans cette fluidification, la livraison des pièces et éléments divers à la chaîne de montage en quantités, qualité voulues et en temps voulu, prend le nom de *juste-à-temps*. Le processus productif (ateliers

---

25. Il est vrai que l'usine d'Uddevalla a fermé ses portes en mai 1992 car elle n'était pas assez rentable, selon la direction de Volvo.

26. *Cf.* J.-P. Womack, D. T. Jones, D. Roos, *op. cit.*

du donneur d'ordre, fournisseurs...) se transforme en un vaste ensemble où toutes les parties sont en étroite interrelation avec la précision d'une horloge. L'absence de stocks tampons introduit un formidable stress chez les ouvriers et dans la maîtrise, puisque toute panne, tout aléa, dérègle la totalité de la production en rompant le flux matériel. Or cette continuité du flux matériel est bien l'essence du fordisme. Pour Stephen Wood, « le juste-à-temps et la gestion de la qualité totale, comme constituants du toyotisme, restent des améliorations du fordisme. Ils sont en rapport avec ce que Walker désigne comme les objectifs oubliés, auxquels Ford et ses ingénieurs n'ont pas prêté suffisamment attention. De plus, ils mettent au premier plan des éléments de gestion de production auparavant négligés. Comme Walker le dit lui-même, le juste-à-temps implique en premier lieu une réorientation à l'intérieur du fordisme des problèmes de transformation de la matière, de manutention et plus particulièrement leur mécanisation et leur automatisation avec une dimension d'intégration et de coordination de ces fonctions[27] ».

Transposé en Europe ou aux États-Unis, le système hyperfordien du juste-à-temps a peu de chances de révolutionner les structures fordo-tayloriennes de nos

---

27. S. Wood, « Le modèle japonais : postfordisme ou japonisation du fordisme ? », *in* J.-P. Durand, *op. cit.* Dans ce chapitre, l'auteur montre bien en quoi le système japonais est la systématisation du fordisme dans le processus de fabrication, mais aussi parce qu'il perpétue la production de masse : « La plupart des produits liés à l'influence du Japon dans le commerce mondial sont des biens classiques produits en masse, comme les appareils photos, les radios, les télévisions et les voitures. Le Japon, plus que n'importe quel autre pays, a créé les marchés de produits de masse tels que les appareils vidéo, les lecteurs de cassettes et les fax. Tandis que le juste-à-temps pouvait être utilisé pour réduire les tailles des séries à travers l'amélioration des changements d'outils, il n'a pas entraîné nécessairement une réduction de la taille des lots ou une plus grande variété des produits fabriqués sur la même installation. »

entreprises. En même temps, et comme on l'a déjà dit, le travail immédiat, le contenu des tâches (polyvalence, travail en groupe...) se modifient. Il faut donc faire la part de ce qui se transforme et de ce qui est relativement stable, tout en sachant que les apparences peuvent être trompeuses : en particulier, l'introduction des technologies de l'information et d'automatismes divers peut transformer les contenus du travail (élévation des qualifications, par exemple) sans que les structures de la division du travail ne soient modifiées.

Pour évaluer le degré du changement, on peut diviser l'entreprise en trois espaces profondément imbriqués : l'interfaçage dans l'entreprise étendue, la structuration interne de chaque entreprise et l'organisation du travail. Ces différents espaces ne recouvrent pas une ou des fonctions particulières, ou des espaces géographiques précis. Ils représentent des « enveloppes » avec des fonctionnalités particulières dans la production en général.

– *L'interfaçage dans l'entreprise étendue* est à la fois la membrane invisible qui sépare l'entreprise étendue des pressions de son marché (surtout de ses concurrents) et l'intégration croissante des différentes firmes entre elles (avec le croisement de leurs fonctions : par exemple, un ouvrier sur un quai de réception qui veille à la qualité des produits reçus).

– *La structuration interne des fonctions de l'entreprise* correspond à des choix effectués pour satisfaire au mieux les exigences du marché à partir des ressources internes, essentiellement humaines. Les places et rôles respectifs du marketing, des bureaux d'étude, des bureaux des méthodes, du planning, des services commerciaux les uns vis-à-vis des autres, influent sur l'évolution de chaque activité, même la plus minime. Cette organisation interne révèle assez bien l'histoire, les pratiques, la « culture » de l'entreprise et sa capacité d'adaptation à de nouvelles conditions de fonctionnement imposées de l'extérieur.

– *L'organisation du travail* dépend en grande partie de l'existence ou non (cas de nombre de PMI) d'un service rationalisateur du travail (le bureau des méthodes) et de l'étendue de ses fonctions. En même temps, elle ne concerne pas seulement les ateliers ou les bureaux des banques ou des assurances. L'organisation du travail, y compris avec ses méthodes héritées, est une préoccupation transversale à l'entreprise.

On peut représenter de la façon suivante cette hiérarchie des espaces, avec la pression de la concurrence à l'extérieur, et le noyau dur de l'héritage de l'organisation du travail. Les technologies de l'information, autre facteur possible mais non obligatoire du changement, traversent ces espaces :

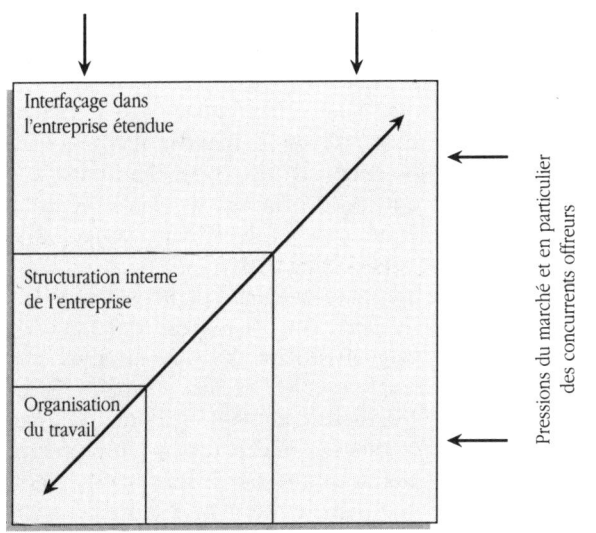

▼▼▼

L'enveloppe systémique extérieure est celle qui a certainement le plus donné lieu à des transformations radicales, car elle est la plus exposée à la concurrence des offreurs. L'émergence de la firme-étendue, les restructurations industrielles et l'intégration entre donneurs d'ordre et sous-traitants aux fournisseurs sont les parties les plus visibles de cet édifice : on en parle donc beaucoup.

La structuration interne de l'entreprise a été en grande partie bousculée par les ondes de chocs subies par l'enveloppe générale. Mais on l'a vu à propos de l'ingénierie simultanée, l'intégration entre les grandes fonctions de l'entreprise a du mal à se faire : les évolutions sont extrêmement lentes et les grandes fonctions conservent leurs prérogatives, bien souvent dans une structure pyramidale de répartition des pouvoirs.

L'espace de l'organisation du travail, noyau dur de l'édifice, doit être analysé en tenant compte des forces centrifuges qui y règnent. Non seulement les discours du changement ne doivent pas être pris pour argent comptant, mais certaines réformes peuvent confirmer les principes et les tendances hérités au lieu de les renverser. C'est pourquoi le critère du lieu et de la catégorie de personnel possédant la maîtrise technique du procédé de fabrication est un critère discriminant. Il apparaît alors que cette maîtrise est encore, dans la plupart des cas, extérieure à l'atelier dans lequel s'affairent des ouvriers interchangeables.

On peut, bien sûr, faire la même démonstration dans les bureaux en général (travail tertiaire des banques, assurances...), mais aussi dans des bureaux plus créatifs (bureaux d'étude, génie logiciel...) où la conception proprement dite est le lot d'une minorité qui organise et décide ce que feront des autres. On rappellera que de nouveaux secteurs, où le travail est encore moins qualifié que dans les secteurs dits traditionnels, se développent rapidement : restauration rapide, manutention dans le secteur des transports, grande distribution, etc.

Autrement dit, dans bien des cas, les aménagements du travail ont pour objet de pallier les dysfonctionnements plutôt que de renverser l'édifice organisationnel. On peut, dès lors, parler de faillite du *management participatif* en tant que projet organisationnel. Il ne reste plus guère qu'un vernis de participation chargé de mobiliser les hommes, comme le préconisait Taylor qui parlait de « coopération amicale » entre ouvriers et directions. La division entre la conception-planification du travail et son exécution est maintenue. Certaines pratiques participatives (cercles de qualité, groupe de progrès…) peuvent même apparaître comme un affinement des méthodes tayloriennes d'appropriation des savoirs et des savoir-faire par les directions[28].

Ainsi le taylorisme reste bien vivant dans l'espace de l'organisation du travail, y compris en raison de l'existence de couches sociales et d'acteurs sociaux qui le font vivre et qui en vivent. Mais il s'agit d'une forme appropriée et souple qui tient compte des contraintes extérieures de flexibilité tout en conservant les principes rationalisateurs de la division du travail. Voilà pourquoi le concept de *taylorisme flexible* nous semble rendre compte à la fois de la permanence organisationnelle et de son aménagement face aux contraintes de réactivité de l'entreprise à son environnement concurrentiel.

L'enjeu principal dans l'émergence d'un nouveau paradigme productif se situe certainement dans la restructuration interne de l'entreprise. Ce que nous repérons à travers une multiplicité de réformes en cours, pas

---

28. *Cf.* le chapitre « Travail contre technologie », *in* J.-P. Durand et F.-X. Merrien, *Sortie de siècle. La France en mutation*, Paris, Vigot, 1991. Il y est montré comment l'informatique accumule les savoirs du côté des directions, comme le préconisait Taylor dont le « corps de spécialistes » devait apprendre auprès des ouvriers.

toujours fructueuses et en général mal acceptées : intégration d'ouvriers de maintenance dans la fabrication, changements incessants de tutelle des bureaux des méthodes-usines, instabilité des formes de coopération conception-fabrication, impossibilité des décloisonnements volontaristes entre fonctions, concentration de toutes les pressions sur la gestion de production, difficile restructuration des services commerciaux ou de la coopération entre le commercial et la fabrication, etc.

Dans ces conflits structurels, il apparaît que les principes du nouveau modèle productif sont viables puisqu'ils sont en cohérence avec les exigences de réactivité accrue des entreprises à leur environnement. Mais qu'ils soient viables et d'une meilleure efficacité ne saurait signifier que leur mise en œuvre est inéluctable. L'organisation traditionnelle de l'entreprise et du travail possède un énorme avantage sur tout ce qui est nouveau : l'ancien est connu, maîtrisé et sans surprise. Une organisation traditionnelle peut être tout aussi efficace, sinon plus – grâce à la maîtrise que l'on en possède – qu'un nouveau système dont l'apprentissage est coûteux et lent.

C'est le choix, semble-t-il, qu'a fait General Motors – choix en partie imposé par ses salariés – de persévérer dans l'ancien système et d'en exploiter toutes les ressources plutôt que de virer de bord. Il se trouve aussi des analystes pour soutenir que les bons résultats de Peugeot ou de Renault relèvent plus d'une utilisation intelligente des ressources cachées de l'ancien système que d'un retournement des paradigmes productifs, au sens où ils sont développés dans la première partie de cet ouvrage. À sa manière, S. Wood ne semble pas dire le contraire à propos du toyotisme (voir p. 135). Cette interprétation n'est pas à écarter car elle repose sur une autre cohérence, celle qui existe entre l'organisation de l'entreprise et du travail imaginée pour réaliser une production de masse et, d'autre part, le maintien de la production de masse, même si elle est devenue production de masse flexible. Ainsi, il y a bien cohérence entre cette production de masse flexible (née de la concurrence exacerbée entre offreurs) et taylorisme flexible (adaptation du système productif ancien à la crise). L'affirmation d'un renversement du paradigme productif n'en est que plus risquée. On peut même confirmer, *a contrario,* cette analyse par les fermetures des usines d'Uddevalla et de Kalmar dont le paradigme organisationnel (la production de voitures à l'unité par un groupe de travail, c'est-à-dire la fin de la chaîne linéaire) ne correspondait pas aux canons dominants de la production de masse, même flexible. Les surcoûts économiques de l'organisation uddevallienne étaient en porte à faux par rapport aux critères incontournables de la production de masse. Le paradigme organisationnel était en avance sur la situation économique.

Enfin, on peut aussi douter de la rupture engagée par le nouveau modèle productif en s'interrogeant sur les modalités de production des techniques et des installations industrielles.

Des techniques structurant la division du travail

Les ingénieurs inventent les machines à partir de leur représentation de ce que doit être la production efficace et de ce qu'est ou de ce que connaît un opérateur. On peut alors se demander comment sont produites ces représentations chez les concepteurs. Celles-ci se ressourcent à au moins deux pôles, parfaitement imbriqués et qui s'influencent mutuellement :
– la situation des concepteurs dans l'appareil productif pris globalement, qui fait d'eux des salariés comme les autres dans la séparation entre travailleurs et moyens de travail, mais qui leur donne la fonction particulière

d'organiser la production. Pour ce faire, ils sont séparés des exécutants (ouvriers et employés) dans la division du travail entre concepteurs-organisateurs-planificateurs du travail et exécutants du travail. Autrement dit, il faut penser la division du travail concepteurs-exécutants comme la réfraction dans l'activité de travail de la séparation des travailleurs de leurs moyens de travail, étant entendu que ces concepteurs sont aussi des salariés à la fois passifs dans le processus d'accumulation impersonnel du capital (moteur du système social) et agents actifs de celle-ci, c'est-à-dire cherchant à l'optimiser en permanence ;
– les pratiques quotidiennes de ces concepteurs dans leur rapport à leur entourage, lui-même séparé du monde des exécutants : lecture de revues scientifiques et techniques, contacts avec des techniciens et ingénieurs assurant les mêmes fonctions, remontées partielles et très incomplètes d'informations issues des usines où fonctionnent leurs produits, visites d'usines en France ou à l'étranger où ils ne rencontrent pratiquement jamais de personnels situés en dessous de la maîtrise, etc.
À cela, on ajoutera une formation très techniciste dans laquelle les sciences sociales sont presque totalement absentes : le résultat en est une croyance aveugle dans la technique et un doute profond dans l'homme. C'est un véritable mythe de la toute-puissance de la rationalité technique et de la méfiance envers la double possibilité de défaillance humaine (en tant qu'être psychique et surtout social soumis à des mouvements et pressions incontrôlables). Dans tous les cas, il s'agit à la fois de tenter de réduire sa présence autour des installations et de l'écarter du cœur du processus de fabrication. C'est la même méfiance des conceptions technicistes vis-à-vis de l'homme qui les pousse à la fois à penser à leur place dans les interstices de la technique ou dans des tâches éminemment prescrites.

▼▼▼

L'automatisation complète d'un processus d'usinage ou de montage n'étant guère possible aujourd'hui en raison de l'importance des coûts de celle-ci, nombre d'opérations restent manuelles : ce peut être une micro-opération sur un poste automatisé, ajoutée à la surveillance de l'ensemble, ou le maintien d'un poste manuel intercalé dans une chaîne automatisée. Ces opérations sont en général pensées comme un pis-aller lors de la conception du système. De même, des erreurs de conception ou des dysfonctionnements répétés peuvent amener les concepteurs à créer des postes manuels en plus de ceux prévus pour la surveillance globale des installations. En raison de leur emplacement, ces opérations sont répétitives et monotones, avec un fort degré de prescription. C'est le sens des nouvelles opérations de surveillance et de dépannage sur les lignes informatisées.

M. Freyssenet et J.-C. Thénard ont montré[29] en quoi les systèmes de sécurité rendent volontairement invisibles le procès de transformation de la matière, en quoi l'automatisation apparaît aux opérateurs comme des « boîtes noires » et comment leurs interventions sont guidées (prescrites) par des signaux triviaux (arrêt de la machine après x, y ou z pièces usinées, girophares, indications du capteur qui a déclenché l'arrêt, etc.).

Autrement dit, l'insertion des technologies de l'information, qui objective plus d'intelligence dans la machine, n'a pas été utilisée pour développer la qualité du dialogue entre hommes et machines, mais seulement pour accroître l'efficacité de l'installation. Le dialogue homme-machine (et les techniques elles-mêmes en tant qu'éléments de ce dialogue) tel qu'il est

---

29. M. Freyssenet et J.-C. Thénard, « Choix d'automatisation, efficacité productive et contenu du travail », *Cahiers du GIP, Mutations industrielles,* n° 22, Paris, 1988.

aujourd'hui pensé par les concepteurs des techniques productives, repose sur :
– la méfiance vis-à-vis d'opérateurs : ils seront donc interchangeables et extérieurs à la maîtrise du procès de travail (autant de caractéristiques définissant le résultat de la procédure taylorienne de direction scientifique de l'entreprise);
– l'image ou la représentation que les concepteurs possèdent des capacités d'intervention des opérateurs, eu égard à leur méconnaissance en général du travail d'atelier, la méfiance évoquée ci-dessus et leur situation dans la division du travail, les confortent évidemment dans cette méconnaissance.

En résumé, l'usage des techniques dans un système social qui sépare les travailleurs de leurs moyens de travail, se fait à travers la reproduction de la division entre concepteurs et exécutants du travail, reconduisant la sphère d'hétéronomie des derniers. L'essentiel des innovations a ainsi lieu à l'intérieur de l'espace technique, en cherchant à modifier au minimum l'organisation générale de la production et du travail.

D'une certaine manière, l'informatique peut aider à maintenir l'organisation traditionnelle du travail si l'on considère qu'elle ne traite que des *signes* tandis que le traitement du *sens* pourra être réservé à une minorité de salariés. En reprenant la distinction essentielle qui traverse le salariat entre ceux qui exécutent un travail décidé ailleurs et ceux qui organisent le travail, ou bien en distinguant les salariés interchangeables de ceux qui ont la maîtrise du procès de transformation, on constate :
– que les premiers surveillent des installations qui ne travaillent que sur des signes et que, de plus, leurs rapports aux systèmes machiniques sont basés sur des réponses humaines simples à des signes machiniques ou s'inscrivent dans des procédures strictes (importance du travail prescrit déjà énoncé);

– que les seconds – et ceci est d'autant plus vrai que l'on s'élève dans la hiérarchie – travaillent majoritairement sur le sens de l'information traitée par les machines surveillées par les premiers.

Sachant qu'il faut toujours se méfier des disjonctions simplistes et caricaturales, on remarquera qu'il existe des catégories de salariés qui travaillent à la fois sur les signes et sur le sens : ce peut être vrai de dessinateurs chargés d'une petite mission de conception dans un grand ensemble pensé par les projecteurs ; c'est vrai du dépannage routinier ; c'est vrai aussi d'un rédacteur dans une compagnie d'assurances. Mais ce qui nous intéresse fondamentalement, c'est le processus dominant et ambivalent, produisant des tendances à la fois centripètes et centrifuges : d'une part, le recours à l'informatique complexifie les systèmes et exige des savoirs accrus et, d'autre part, l'organisation du travail héritée reproduit la disjonction entre travail simple prescrit et procédurier pour la majorité, et travail conceptuel pour une minorité. Ainsi les uns surveillent le traitement des signes pendant que les autres interprètent le sens. Et à chaque fois que le traitement des signes se complexifie jusqu'à exiger une interprétation du sens (des pannes, par exemple, ou le traitement d'un sinistre chez un assureur), il est mis au point de nouvelles procédures simplificatrices visant le retour à la surveillance du seul traitement des signes.

Autrement dit, d'un côté nous rencontrons la communication *instrumentale,* c'est-à-dire l'usage minimal de l'information (comportement modifié ou action déclenchée par un signe ou stimulus), tandis que de l'autre se situe la communication *compréhensive* qui repose sur la prise de sens à travers les signes ou dans leur interprétation. D'un côté l'opérativité et la raison instrumentale ; de l'autre, la décision et la raison communicationnelle. En ce sens, l'informatique est bien l'outil de la raison instrumentale (elle ne travaille que sur les signes) et elle est le complément judicieux de la division du travail.

La conception des installations revêt une extrême importance quant aux possibilités de dépasser le paradigme fordien de l'organisation du travail. Or cette préoccupation est peu présente dans les écrits des spécialistes. On peut pourtant s'interroger sur le devenir des entreprises dont les installations reproduisent et fossilisent l'organisation héritée : « Ne seront-elles pas amenées à rectifier leur projet dès qu'il se confirmera à leurs yeux qu'elles sont engagées en fait dans un processus de division accrue de l'intelligence du travail et dès que se manifesteront les contre-performances et les difficultés, maintenant bien connues, liées à ce type de division du travail ? Ne seront-elles pas conduites logiquement à harmoniser les principes de la conception technique de leurs équipements productifs avec ceux des organisations qualifiantes qu'elles disent avoir adoptées, à la fois pour atteindre les objectifs économiques et sociaux qu'elles affichent et pour ne pas être concurrencées par les entreprises qui auront su être plus cohérentes ?[30] »

Michel Freyssenet doute que ces questions débouchent sur une remise en cause de leurs ancestrales méthodes. Pour lui, il n'y a qu'une infime minorité de firmes qui a osé réformer le mode de conception des installations, essentiellement parce que les conséquences d'un tel renversement des logiques, qui donne une place pleine et entière aux opérateurs, pouvaient les conduire à intervenir sur les choix stratégiques des entreprises et, pourquoi pas, à contester le rapport salarial actuel[31].

---

30. M. Freyssenet, « Deux scénarios en un, ou les voies apparemment paradoxales de la division du travail aujourd'hui », *in* J.-P. Durand, *op. cit.*

31. *Ibid.*

On le voit, la différence entre les aménagements réels du paradigme dominant hérité, et les transformations issues d'une rupture avec celui-ci, ne relève pas des activités immédiates des salariés, mais des effets (ou de l'absence d'effets) sur les structures productives. Dans le prochain chapitre, on tentera de montrer que les vraies transformations ne sont peut-être pas exactement là où on les attend. Et que celles dont on parle le moins sont peut-être les plus importantes dans l'évolution du rapport salarial.

4. De quelques significations du changement

Comme la première partie de cet ouvrage l'affirme, l'émergence d'un nouveau paradigme productif peut être perçue au Japon, en Allemagne ou en Suède. On pourrait tempérer de telles affirmations en montrant que les différences des « modèles » allemand et suédois relèvent plutôt de spécificités locales, de développements historiques particuliers d'un même modèle général encore bien vivant.

Spécificités nationales et voie française

Par exemple, ce qui fait la spécificité du modèle allemand, c'est, dit-on, la haute qualification de sa main-d'œuvre et l'organisation particulière du travail. On omet, en affirmant cela, que ces spécificités ne s'appliquent guère qu'au premier secteur de la mécanique allemande, à savoir celui de la machine-outil. Or, non seulement cette haute qualification est intrinsèque au secteur lui-même, mais celui-ci étant très majoritairement constitué de PMI, ce deuxième facteur surdétermine le premier et tous deux expliquent largement la nature de la main-d'œuvre et de l'organisation du travail dans la mécanique allemande. Ce qui n'empêche pas ce secteur d'être menacé par une certaine « normalisation » qui le ferait ressembler aux autres, avec une organisation du travail plus traditionnelle, en raison de la pénétration du capital industriel des grosses firmes et/ou du capital financier. De même, la concurrence japonaise qui propose à bas prix des machines-outils de série, conduit à supprimer les spécificités du modèle allemand[32].

Ces tendances à la « normalisation » apparaissent aussi à travers l'utilisation taylorienne des machines-outils à commande numérique[33]. Une lecture attentive de l'ouvrage de H. Kern et M. Schumann[34] montre la même évolution possible si la recomposition espérée du travail n'a pas lieu. Or, les récents développements technologiques et organisationnels chez Volkswagen, représentant de la production de masse s'il en est, convergent avec ceux que l'on connaît en France ou en Italie, plutôt qu'ils ne divergent. En fait, un des fondements de la réussite allemande réside dans une véritable politique industrielle jamais déclarée comme telle parce qu'elle est mise en œuvre par les *Länder* et non par l'État fédéral. Mais l'aide à l'innovation, à la formation, le soutien par les investissements industriels et le développement des infrastructures constituent bien une véritable politique industrielle cohérente qui manque aux autres pays occidentaux.

En Suède, la grande découverte que fut la fin de la chaîne et son remplacement par des groupes autonomes de montage des voitures (usines de Kalmar puis d'Uddevalla), tient en grande partie aux difficultés ren-

---

32. *Cf.* E. Le Boucher, « La mécanique allemande dérape », *in Le Monde*, 9 février 1993.

33. *Cf.* H. Hirsch-Kreinsen, « Évolution du travail en Allemagne : les trois possibles », art. cité.

34. *Cf.* H. Kern et M. Schumann, *La Fin de la division du travail ?* Paris, Éd. de la Maison des sciences de l'homme, 1989.

contrées par Volvo pour recruter des jeunes ouvriers ou ouvrières pour travailler sur les chaînes traditionnelles[35]. Les longs tâtonnements dans l'apprentissage et la mise au point de nouvelles organisations du travail n'ont jamais convaincu la direction de Volvo, en particulier pour des raisons économiques. La fermeture de ces deux unités, considérées comme trop petites donc non viables, ne signe pas l'arrêt de mort définitif de l'uddevallisme. Il reste que ce dernier reposait fondamentalement sur la production de petites séries (une petite usine terminant le montage de modèles haut de gamme – l'assemblage avait lieu ailleurs), tandis que nous vivons toujours dans la production de masse, même si elle se doit d'être flexible.

Au-delà du cas spécifique de Volvo – et plutôt de quelques-unes de ses usines – la Suède est restée classiquement taylorienne, les importations toyotiennes et en particulier le juste-à-temps ayant épousé l'organisation dominante[36].

On pourrait donc soutenir la thèse que les spécificités allemande et suédoise sont des productions historiques (liées à des situations originales) et/ou des adaptations à des contraintes d'un même paradigme général et durable. Ce sont des contraintes semblables et des crises qui ont fait et qui font évoluer les firmes françaises, y compris à partir d'expérimentations ou de changements marginaux qui ont pu avoir lieu dans leur proche passé. Par exemple, le spectaculaire redressement de Renault (qui a failli disparaître au milieu des années quatre-vingt) ne saurait s'expliquer par les seules applications des recettes japonaises à partir de 1988. C'est au contraire la lente maturation et

---

35. *Cf.* Ch. Berggren, « New Production Concepts in Final Assembly. The Swedish Experience », *in* S. Wood, *The Transformation of Work ?* Londres, Unwin Hyman, 1989.

36. *Cf.* G. Brulin, « Vers un nouveau modèle suédois ? », *in* J.-P. Durand, *op. cit.*

la généralisation d'expériences menées hier (les groupes semi-autonomes du Mans dans les années soixante-dix, les tentatives de transversalité des « chefs de projet » pour un véhicule en 1976...) qui ont conduit à apporter des réponses originales profondément enracinées dans le tissu de l'entreprise, aux nouvelles questions posées par la crise de l'accumulation.

Il y a ainsi une voie française de réponse aux nouvelles contraintes, faite d'essais et d'erreurs, qui adapte aux conditions de chaque atelier, usine, entreprise, des principes dont on a pu évaluer les avantages ailleurs. On peut prendre comme exemple le travail en groupe (voir page 107) ou la recomposition du travail dans une tôlerie (voir page 102) ou l'ingéniérie simultanée (voir page 99), même si toutes ces transformations ne vont pas jusqu'au bout des potentialités qu'elles créent. Autrement dit, cette voie française se présente comme la systématisation de changements lors d'une crise, à partir des germes innovants déjà présents dans l'entreprise. Car être capable d'évoluer est la condition de survie. Faut-il en conclure que ces changements font système et organisent la cohérence d'un nouveau paradigme productif ? Ce pourrait être le cas si, par exemple, la conception-industrialisation était bouleversée jusqu'à intégrer les grandes fonctions de l'entreprise, ou bien encore si la maîtrise technique d'un procédé de fabrication réintégrait l'atelier au lieu d'être extériorisée. Pour que tout cela soit devenu une nécessité incontournable, ne faudrait-il pas que les conditions du marché et de la régulation aient changé ? C'est-à-dire que l'offre par les concurrents ne domine plus le marché dans un système de production resté de masse, en crise car sans technique de renouvellement de la norme de consommation (voir page 83).

Dans cette analyse, la généralisation des techniques organisationnelles toyotiennes, pourrait ne pas être l'élément clé des changements que nous vivons. Les modifications du rapport salarial et des relations professionnelles méritent un arrêt sur image, avec un examen attentif de la situation japonaise.

Du toyotisme au nipponisme

Pour être rigoureux, il est souhaitable de dissocier deux aspects du modèle japonais : d'une part, le toyotisme, qui est un arrangement de techniques organisationnelles destinées à améliorer l'efficacité de la production dans certaines conditions historiques ; ces techniques ont été copiées par les autres firmes japonaises avant d'être importées (pour devenir la *lean production* ou production au plus juste[37]). D'autre part, le *nipponisme* régit le rapport salarial et les relations professionnelles au Japon : lui aussi différencié selon l'histoire des firmes et selon les branches, il possède nombre de traits généraux qui nous intéressent ici. Bien sûr, toyotisme et nipponisme sont profondément imbriqués, le premier n'ayant pu fonctionner que parce que le second existait, tandis que le premier renforce les traits du second.

Les techniques organisationnelles toyotiennes ont été largement exposées ci-dessus (en particulier à propos des cinq composantes du paradigme productif). Ce qui nous intéresse ici est le nipponisme.

Les composantes du nipponisme

La compréhension du rapport salarial japonais passe par l'analyse d'au moins cinq dimensions extrêmement imbriquées :
– le système d'avancement au mérite à partir de l'évaluation individuelle,
– la structure des salaires,
– l'emploi à vie,
– la durée du travail,

---

37. *Cf.* J.-P. Womack et *alii, op. cit.*

– un environnement social coercitif.
– *Évaluation individuelle et avancement au mérite*
Contrairement aux idées reçues, la progression salariale n'est pas liée seulement à l'ancienneté, mais en grande partie à la promotion individuelle (au mérite), c'est-à-dire aux capacités de chacun à répondre aux attentes de l'entreprise, capacités qui sont évaluées par le supérieur hiérarchique direct. Ainsi, la direction de l'entreprise aiguise la concurrence entre salariés qui s'évertuent à mieux répondre à ses attentes afin d'accélérer leur promotion personnelle. C'est dire que les Japonais sont tout aussi individualistes que les Européens ou les Américains quand il s'agit de leurs intérêts personnels.

Les directions d'entreprise ont donc à rechercher un équilibre subtil entre la concurrence-émulation des salariés qui récompensera les plus aptes et les plus dévoués (meilleure rémunération) et leur découragement-démobilisation s'ils ne peuvent atteindre la promotion-récompense attendue. Dans la grande entreprise, les ouvriers ou employés non promus peuvent abandonner l'entreprise pour une PMI qui les paie moins bien mais qui peut exiger moins d'eux. D'autres peuvent occuper des fonctions moins dures et relativement qualifiées comme les retouches. D'autres enfin peuvent continuer une promotion plus lente dans des fonctions techniques périphériques au procès de fabrication direct. En tout cas, la non-promotion par la voie hiérarchique, puis le non-avancement dans les voies techniques apparaissent comme pénalisantes, non seulement du point de vue pécuniaire, mais aussi du point de vue symbolique : l'ouvrier est déconsidéré par ses pairs, ce qui est difficile à accepter.

Autrement dit, la promotion est un objectif positif, tandis que la non-promotion est vécue comme négative et comme repoussoir. Ainsi, les normes de conduite pour réussir sont vécues doublement comme des contraintes et l'on ne s'étonnera pas de voir les salariés et les ouvriers adopter des comportements stéréotypés, pour répondre aux attentes de l'entreprise, personnifiées dans leur supérieur hiérarchique. *On ne dira donc pas que le salarié japonais se conforme au groupe (interprétation «groupiste»), mais qu'il se conforme, pour son propre intérêt individuel et pour celui de sa famille (accroître au maximum son revenu et sa sécurité d'emploi), aux normes édictées par les entreprises:* rigueur dans le travail, cadences élevées, amélioration permanente des résultats, acceptation inconditionnelle des heures supplémentaires ou des mutations, etc.

En résumé, à la question «pourquoi les salariés japonais s'engagent-ils autant dans le travail?» on peut répondre «parce qu'ils n'ont pas le choix»: en premier lieu, ils sont poussés à rechercher la promotion et, en second lieu, pour atteindre cet objectif, ils sont contraints de se plier aux normes comportementales énoncées plus haut. L'évaluation des ouvriers par le supérieur hiérarchique concerne l'ensemble de ces conduites attendues par la direction d'entreprise, comme en témoignent nombre d'*items* rencontrés dans un tableau d'évaluation individuelle:

– nombre de suggestions ;
– maîtrise de soi et de son affect ;
– soumission au supérieur ;
– respect de la discipline au travail ;
– coopération et collaboration avec les autres et non-attachement à ses propres opinions et à ses propres intérêts ;
– attitude de «challenge» vis-à-vis du travail demandé, etc.

Le système *satei* (système au mérite) d'évaluation-promotion apparaît comme l'un des piliers du rapport salarial au Japon car il associe intrinsèquement contrainte et récompense.

Les salariés ne peuvent pas ne pas concourir pour la promotion pour des raisons symboliques (on ne reste pas volontairement en deçà du système, sinon on le quitte) et surtout pour des raisons économiques : les logements coûtent très cher au Japon, le coût de la vie est relativement élevé par rapport aux salaires, et enfin l'éducation des enfants (écoles et lycées privés de plus en plus fréquentés, cours du soir et du week-end, établissements supérieurs en général privés...) grèvent aujourd'hui considérablement les budgets familiaux.

Cette recherche de la promotion exacerbe la concurrence entre salariés qui se dévouent de plus en plus pour leur entreprise sans que certaines limites puissent être érigées par une organisation collective telle qu'un syndicat.

Cette course à la loyauté envers l'entreprise ne fait que renforcer le consensus et la conformité à la norme, donnant encore plus de poids à la dimension symbolique de la recherche de la promotion.

Nous sommes donc en face d'un cercle vicieux (ou vertueux, tout dépend du côté où l'on se place !) qui, comme tout cercle vicieux s'autodéveloppe et autorenforce ses composantes. Il s'agit d'une véritable implication contrainte qui, parce qu'elle est implication, est nécessairement acceptée par les acteurs tant qu'ils se situent dans le système de coercition-récompense et qu'ils l'embrassent.

– *La structure des salaires*

Le salaire japonais est constitué d'un salaire de base (70 à 80 % du revenu mensuel) et d'un salaire extra composé des heures supplémentaires et des primes liées au travail posté ou au travail de nuit. Le salaire de base est lui-même constitué de trois parties qui varient considérablement d'une entreprise à l'autre : la part liée directement à la personne, la part liée à la fonction occupée (et/ou à la productivité de l'équipe d'appartenance) et l'ensemble des primes ordinaires. On peut représenter la structure du salaire au Japon de façon simplifiée :

La structure du salaire au Japon

Salaire de base	70 à 80 % du revenu mensuel Part liée à la personne *(honkyu)* : 15 à 60 % du salaire de base Part liée à la fonction occupée *(shigoto-kyu)* : 30 à 70 % du salaire de base Primes ordinaires : 5 à 10 % du salaire de base - allocations familiales - logement...
Salaire extra	20 à 30 % du revenu mensuel Heures supplémentaires : 50 à 75 % du salaire extra Prime pour le travail de nuit Prime pour le travail posté Prime de transport...
Prime annuelle	De 3 à 5 salaires mensuels versés en deux fois

Dans le salaire de base, la part liée à la personne repose sur des critères objectifs tels que l'ancienneté dans l'entreprise et le diplôme à l'entrée. C'est dans cette partie qu'intervient l'augmentation annuelle personnalisée, directement liée à l'évaluation du supérieur hiérarchique à partir des critères d'implication, de capacité à la coopération, de zèle, de compétences, d'aptitudes personnelles, etc. La part liée à la fonction occupée n'est pas complètement dissociée de la précédente. En effet, les « définitions de fonctions sont assez ambiguës, et on tend à les établir sur la base des compétences et de l'expérience des salariés, interprétées de façon très large. Il en résulte une forte corrélation entre la rémunération de base du salarié et celle qui est liée à son poste de travail[38]. »

Par ailleurs, la prime annuelle versée en deux fois est calculée elle aussi à partir de l'évaluation personnelle et du grade. Par exemple, chez Hitachi, cette prime est

---

38. M. Aoki, *Économie japonaise. Information, motivations et marchandage,* Paris, Économica, 1991, p. 61.

la somme de deux éléments : deux mois du versement lié à la fonction, plus un multiple du salaire de base mensuel. Le multiplicateur est fait de deux parties : un paramètre d'appréciation déterminé individuellement selon l'évaluation des mérites par le superviseur, et un paramètre de zèle fixé objectivement sur la base des jours de travail effectif.

Enfin, la prime de départ est liée au nombre d'années effectuées dans l'entreprise et, bien sûr, au grade de l'intéressé. Autrement dit, le salarié japonais est totalement soumis, pour son statut et son revenu, à l'évaluation personnelle de sa conduite par son supérieur. Ceci n'est pas sans rappeler le système scolaire avec des examens trimestriels, puis le fameux traumatisme du concours d'entrée dans les universités. Ce contrôle permanent des performances et des comportements de l'écolier, et ici du salarié japonais, est bien le « méritocratisme » que traduit la notion de système *satei* (mérite). Et comme on l'a dit précédemment, il est au cœur du rapport salarial japonais, avec ses déséquilibres.

– *L'emploi à vie*

Il n'y a pas de contrat d'emploi à vie, comme le laisserait entendre la formule. Il existe seulement des contrats à durée indéterminée. Qu'il y ait d'ailleurs contrat ou non (par exemple dans les PMI), l'idée est que la relation d'emploi entre les deux parties n'a pas à cesser tant que l'une ou l'autre des parties n'a pas décidé (volontairement ou sous la contrainte : pas de charge de travail dans une petite entreprise sous-traitante) de mettre fin au contrat explicite ou tacite.

Dans ce rapport salarial du donnant-donnant dans la grande entreprise, largement analysé ci-dessus, chacune des parties est intéressée à prolonger le plus possible le contrat :

• pour l'entreprise, qui a investi dans la formation du salarié (et en particulier dans celle des cadres), il s'agit d'amortir cet investissement. D'où, par exemple, cette prime de départ qui est considérée comme un salaire différé, c'est-à-dire un dû de l'entreprise qu'elle ne verse que le plus tardivement possible. D'où aussi le fait que cette prime de départ est relativement faible pour les premières années d'ancienneté et qu'elle devient assez conséquente au-delà des trente années de service (environ 450 000 à 500 000 francs pour un ouvrier ayant accompli toute sa carrière dans la même grande entreprise);

• pour le salarié, le maintien dans l'entreprise a pour avantage (même en période de tension sur le marché du travail) de lui garantir une promotion; en effet, s'il change d'entreprise à mi-parcours, il ne reçoit qu'une petite prime de départ et il doit repartir à zéro dans sa nouvelle affectation. D'où la nécessité de bien choisir son entreprise à la sortie de l'école: d'où aussi le fort *turn-over* durant la première année (voire durant les deux premières années), en particulier parmi les diplômés de l'enseignement supérieur.

Les entreprises se séparent de leurs salariés en général à cinquante-sept ou cinquante-huit ans et leur donnent leur prime de départ (équivalente à deux ou trois années du dernier salaire). Mais ces salariés ne peuvent bénéficier de leur pension de retraités qu'à soixante ans. Et tout se passe comme si le pécule (salaire différé selon les directions) servait à combler l'écart entre l'âge du départ et celui de la retraite (et cela en particulier depuis que l'âge de la retraite est passé de cinquante-cinq à soixante ans).

Enfin, quel est le montant de la pension? Il est aujourd'hui fixé à 60 % de la moyenne des salaires obtenus durant la carrière. Au regard du coût élevé de la vie ou de l'achat tardif de leur logement par les cadres contraints à la mobilité, le montant de la retraite apparaît très insuffisant à la majeure partie des salariés (en particulier à ceux qui ont travaillé dans plusieurs entreprises durant leur vie). Ce qui explique qu'à Tokyo et dans les autres grandes villes, nombre de personnes âgées occupent des postes de gardiennage, d'entretien et de nettoyage d'immeubles, de chauffeur de taxi, etc. Ainsi l'emploi à vie doit être entendu dans un double sens : garantie de l'emploi par la grande entreprise, mais aussi « travail jusqu'au bout de l'existence ».

– *La durée du travail*

La concurrence entre salariés et leur loyauté vis-à-vis de l'entreprise, sanctionnée par l'évaluation individuelle, sont les fondements du rapport salarial japonais. L'acceptation par les salariés des heures supplémentaires est donc logique et « naturelle » dans ce contexte. Elles sont économiquement avantageuses pour les entreprises (moins coûteuses et plus *flexibles* que l'embauche) tandis que les salariés y sont tout aussi intéressés en raison du coût élevé de la vie, en particulier pour ce qui est du logement et de l'éducation des enfants.

Le résultat de ce consensus obligé est une durée du temps de travail bien plus grande au Japon que dans tous les pays de l'OCDE :

	Japon	États-Unis	G.-Bretagne	RFA	France
Durée annuelle du travail (heures)	2 189	1 962	1 961	1 642	1 647
Nombre annuel de jours non travaillés	117	139	147	155	154
Nombre de jours de congés payés	9*	19	24	29	26
Nombre d'heures de travail par jour	8,79	8,64	8,95	7,78	7,77

* D'autres statistiques font état de 5 jours de congés payés pris réellement. Les congés payés travaillés sont rémunérés à 140 %.
Sources : CEE et ministère du Travail japonais.

Officiellement, le gouvernement s'est engagé à imposer une réduction de la durée du travail à partir du programme du *Rengo* (principale centrale syndicale) de 40 heures par semaine et 1 800 heures travaillées annuellement, le tout en quelques années seulement. De fait, il y a loin de la coupe aux lèvres et les réductions sont très faibles pour deux raisons étroitement conjuguées et peu avouables officiellement : directions et salariés sont tous intéressés au maintien des horaires élevés, au moins pour l'instant. Les directions d'entreprise y voient une flexibilité du travail peu coûteuse et un coût global de la main-d'œuvre inférieur au recrutement de nouveaux ouvriers (sur un marché déjà tendu). Les salariés ne sont pas prêts à accepter une réduction de leurs revenus, vu qu'ils sont, pour la plupart d'entre eux, engagés dans des remboursements bancaires pour l'achat de leurs logements, de biens durables, ou dans des plans d'épargne pour assurer l'éducation de leurs enfants. Autrement dit, en l'absence prévisible d'un mouvement social revendiquant la réduction des horaires de travail avec compensation totale ou partielle des revenus, il paraît peu probable que l'on assiste à une réduction de la durée du travail au Japon.

– *L'environnement social coercitif*

Comme on l'a déjà dit, le rapport salarial est accepté parce que les salariés n'ont pas le choix : un faisceau de facteurs convergents édicte des normes coercitives que chacun doit suivre sous peine de quitter le système et ses avantages. C'est pourquoi les mots forts pour désigner le système sont ceux de *loyauté-coercition*, d'implication contrainte, d'hétérosuggestion – c'est-à-dire de conduite intégrée suggérée par l'extérieur-autrui – ou d'autosubordination – c'est-à-dire d'acceptation plus ou moins consciente d'une condition à laquelle on ne peut échapper.

Cette situation a été rendue possible au Japon par un certain nombre de faits historico-géographiques : l'éviction d'un syndicalisme revendicatif, un nationalisme insulaire et une éducation particulière.

La disparition d'un syndicalisme revendicatif dans l'après-guerre revêt une importance considérable dans l'histoire du Japon[39]. Cette transformation du syndicalisme eut lieu en une décennie ; on la doit à un faisceau de circonstances historiques et sociales exceptionnelles, trop longues à développer ici, mais qui contribuent à expliquer la spécificité du système japonais. La confédération Sôhyô se substitua au syndicalisme revendicatif, après la *red purge* au début des années cinquante ; cette confédération organisait, jusque dans les années quatre-vingt, l'offensive de printemps *(Shuntô)* visant une augmentation de salaire, en général totalement acceptable par les entreprises qui étaient entrées dans une période de croissance. On reconnaît là la nature fordienne du syndicalisme d'après-guerre. Mais, à la différence des syndicalismes américain, français ou allemand, la fonction de défense des intérêts des salariés par le syndicat dans l'entreprise n'est que très faiblement assumée.

Selon les textes (accords d'entreprise, règlements intérieurs), la partie syndicale veille à ce que les transferts, les promotions (au-delà d'un certain niveau, tel celui de contremaître), les évaluations, etc., ne lèsent pas les salariés. En fait, les syndicats d'entreprise n'interviennent que très rarement ou jamais dans des situations qui pourraient conduire à des conflits. Toute l'histoire du syndicalisme japonais depuis les années cinquante est celle du passage d'un syndicalisme revendicatif à un *syndicalisme coopératif,* la nouvelle confédération

---

39. *Cf.* pour une histoire du syndicalisme japonais : M. Hanada, « Mouvement syndical et rapport salarial au Japon : vers une relation de symbiose », VIe Colloque franco-japonais d'économie, Grenoble, octobre 1991.

du *Rengo* (née en 1988) étant encore moins interventionniste que la précédente, hormis quelques petits syndicats plus contestataires (en particulier dans la métallurgie).

Globalement, l'existence du syndicat d'entreprise laisse totalement libre cours aux principes du rapport salarial japonais : ni la concurrence entre salariés, ni la loyauté infinie et contrainte, ni l'allongement de la durée du travail ou l'accroissement de sa flexibilité ne sont entamés par l'activité syndicale. Plus encore, l'étroitesse des rapports entre syndicats d'entreprise et directions ne manque pas d'étonner : le choix des candidats délégués syndicaux est souvent avalisé par les directions d'entreprise tandis que les fonctions de direction des sections syndicales sont, dans bien des cas, de bons tremplins vers la direction du personnel.

Ainsi, quoiqu'on ne le trouve pas souvent affirmé, il apparaît que le système salarial japonais repose sur l'absence d'un syndicalisme revendicatif dans l'entreprise, avec les conséquences connues sur la durée du travail, les excès de travail, le surmenage jusqu'au *karoshi* (mort par surtravail : arrêt cardiaque, hémorragie cérébrale, etc.).

La cohésion sociale est assurée à travers un certain nationalisme. Le Japon est très souvent assimilé à un peuple de guerriers, les légendaires *samouraï* contribuant largement à entretenir cette image. Puis le glissement de la guerre tout court à la guerre économique conduit à faire des Japonais un peuple expansionniste. Certains observateurs, partant de l'idée d'un Japon insulaire sur la défensive, renouent avec le géographisme qui agirait sur la psychologie des masses pour en faire des va-t-en-guerre permanents.

L'histoire leur donne en partie raison puisque, « en soixante-dix-sept années, c'est-à-dire de 1868 à 1945, le Japon fut impliqué dans dix grands conflits armés : l'expédition de Taiwan en 1874, la révolte du clan

Satsuma en 1877, la guerre sino-japonaise (1894-1895), la guerre russo-japonaise (1904-1905), la Première Guerre mondiale (1914-1918), l'expédition de Sibérie (1918-1925), les expéditions du Shandong (1927-1928), la seconde guerre sino-japonaise (1937-1941), et la Seconde Guerre mondiale (1941-1945). En tout trente années de guerre[40]. »

Toutefois, on pourrait peut-être dissocier entre des élites guerrières, toujours promptes à engager le Japon dans des aventures expansionnistes en Asie, et la grande majorité de la population. En même temps – et nous revenons à l'entreprise –, il faut bien admettre que la majeure partie de cette population répond à la demande de mobilisation (militaire ou économique) de ses élites. Ainsi, si le géographisme n'a pas d'effet direct sur la psychologie collective, le fait objectif de l'insularité, de l'absence de richesses naturelles ou l'espace surpeuplé (qui est moins objectif que l'on ne le dit…) permet, s'il est bien manié, de mobiliser les Japonais pour le dépasser jusqu'à faire du Japon le pays au PNB par tête d'habitant le plus élevé du monde (prévisions économiques pour le début du XXIe siècle).

L'histoire est aussi requise dans cette mobilisation générale. Le livre d'Ohno, déjà cité, fait du dépassement économique et technologique des États-Unis un objectif maintes fois répété. Aujourd'hui, les Japonais ayant entre quarante-cinq et soixante-cinq ans expliquent qu'ils ont dû travailler beaucoup (d'où les 2 200 heures par an) et très dur, car ils devaient satisfaire les besoins de *trois* générations après les destructions d'après-guerre : pour leurs parents qui n'avaient plus rien, pour eux-mêmes, et pour leurs enfants auxquels ils voulaient assurer la prospérité. Bien que l'Europe ait été aussi un champ de bataille, ce discours

---

40. *Cf.* M. Morishima, *Capitalisme et confucianisme,* Paris, Flammarion, 1987.

▼▼▼

n'a plus cours depuis bien longtemps (si toutefois il a eu cours).

Autrement dit, histoire et géographie sont convoquées pour mobiliser les salariés au travail, avec le succès que l'on connaît. Cette manipulation par les élites ne doit pas être passée sous silence, car la fierté d'appartenir à un Grand Japon peut être utilisée à différentes fins dans l'entreprise (ou ailleurs). Aujourd'hui, la question posée est celle du changement constitutionnel abolissant les restrictions sur l'armement du pays. Les pessimistes considèrent que le vote du Parlement pour la participation japonaise au corps de paix internationale au Cambodge est le premier pas vers cette réforme constitutionnelle.

Enfin, l'école joue un important rôle de dressage social, avec des raffinements particuliers au Japon. L'apprentissage extrêmement normatif et minutieux de l'écriture, le suivi rigoureux des jeunes par le tandem enseignants-parents, la multiplicité des contrôles (qui préparent l'évaluation individuelle future), les cours du soir obligés (les fameux *jukus*, très coûteux, qui préparent les longues journées de travail, y compris avec des stimulants pharmaceutiques) sont autant de facteurs qui conditionnent la majorité des jeunes générations et les initient à une acceptation des futures normes du travail salarié. On ne peut s'empêcher de rapprocher les termes de *kumi* (la classe) et de *han* (le sous-groupe) des mêmes termes utilisés dans l'entreprise : ainsi n'y a-t-il pas meilleure préparation pour devenir contremaître *(kumicho)* que d'avoir été chef de classe *(kumicho)*? Ce rapprochement quelque peu réductif a tout de même un certain fondement : l'exigence de loyauté dans les deux cas.

En résumé, l'ensemble des éléments cités ici est parfaitement cohérent ; ces éléments font système. Nous sommes en présence d'un système clos qui peut continuer à fonctionner tant que les conditions qui l'ont produit se maintiennent[41], et qui s'ajuste au toyotisme pour conduire à l'efficacité productive japonaise que l'on connaît.

Aujourd'hui, les pays d'Amérique du Nord et d'Europe implantent les techniques toyotiennes pour produire au plus juste. Comment vont-ils mettre en cohérence ces techniques organisationnelles de production avec le rapport salarial et les relations professionnelles qui leur sont propres?

L'importation du nipponisme

La nipponisation du rapport salarial en Europe ou aux États-Unis semble en bonne voie si l'on se réfère à deux faits historiques qui se déroulent sous nos yeux: l'affaiblissement des capacités revendicatives des syndicats et la diffusion du modèle de la gestion prévisionnelle des emplois et des compétences (GPEC).

Nous avons montré en quoi la possibilité du rapport salarial japonais, fondé sur la coercition-loyauté sociale, reposait en grande partie sur la fin du syndicalisme revendicatif de masse qui limite la concurrence entre salariés. Or, par des voies différentes[42], la situation du syndicalisme, au moins en France (et aux États-Unis), risque de rejoindre celle du Japon. En effet, le syndicalisme semble contraint à un choix entre l'intégration et l'exclusion qui conduit nécessairement à l'affaiblissement de sa puissance revendicative et de défense des salariés. Si aujourd'hui un syndicat adopte des positions «dures», il risque de perdre son audience auprès de la majorité des salariés, ne conservant qu'un

41. Certains observateurs pensent que la cohérence de ce système se fissure aujourd'hui (jeunes diplômés refusant la coercition-loyauté de l'emploi à vie, crise financière, etc.). C'est possible, mais sa transformation prendra au moins deux décennies pour être effective.

42. Ou par des voies semblables si l'on veut bien étudier comment madame Thatcher a eu raison du syndicalisme britannique, en particulier dans l'automobile et dans les mines.

noyau d'irréductibles que la direction peut facilement disqualifier. Car ce qui est présenté comme les « contraintes » liées à la crise (à savoir les restructurations industrielles et le « sureffectif ») et qui devrait cristalliser les salariés autour du ou des syndicats, ne les mobilise pas. Chacun espère une solution individuelle, tandis que les directions échelonnent les mauvaises nouvelles. Dans la plupart des cas, les positions fermes des syndicats les conduisent à une certaine marginalisation, les directions recourant à toutes sortes de stratégies, y compris médiatiques, pour isoler l'ennemi-partenaire. De plus, et de façon concomitante, les directions d'entreprise (ou d'administration) peuvent flatter et courtiser les salariés, y compris en répondant par avance à des demandes encore latentes : un responsable CFDT d'une grande compagnie d'assurances, à la gestion sociale avancée, déclarait que la direction « faisait du syndicalisme pour leur couper l'herbe sous le pied ». Enfin, ces mêmes directions ont de plus en plus tendance à s'adresser aux salariés en tant que personnes ou sujets, tandis que nombre de sections syndicales possèdent encore une culture qui les poussent à considérer des ensembles ou des catégories sociales tout droit descendues des « masses ».

Si le syndicalisme dur et combatif tend à être exclu – souvent avec succès –, du jeu social, le syndicalisme d'intégration est habillé de toutes les vertus par les directions d'entreprise. Qu'il avalise toutes les formes de flexibilité du travail (en volume ou dans les contenus) et le voilà sacré champion de la modernisation. La question posée par ce syndicalisme coopératif est celle de ses capacités à se poser à d'autres moments (ou dans d'autres instances de l'entreprise) comme un syndicalisme de défense des intérêts des salariés : quelle est sa capacité à mobiliser adhérents et salariés contre une réforme ou une décision qui va trop loin et qui contredit leurs droits et leurs intérêts ?

Le débat entre ces deux tendances, avec les risques qu'elles comportent, occupe aujourd'hui la majorité des sections syndicales et surtout les grandes confédérations en France et dans tout le monde occidental[43]. S'agit-il d'une stratégie d'enfermement des syndicats, menée consciemment ou non par les directions d'entreprise ? Toujours est-il que l'intégration ou l'exclusion conduisent toutes deux à la disparition d'un syndicalisme de défense des intérêts des salariés. Or la fonction essentielle de celui-ci a toujours été de limiter la concurrence entre salariés, afin que la durée du travail, les salaires et les conditions du travail[44] demeurent acceptables pour l'ensemble des catégories des salariés.

L'affaiblissement du syndicalisme revendicatif est la première condition d'une japonisation du rapport salarial français ; il est en bonne voie. Le fait que les cadres mais aussi, de plus en plus, des catégories intermédiaires et des employés acceptent d'effectuer des heures supplémentaires (non payées) constitue le meilleur indice du rapprochement entre les deux situations.

La seconde condition de cette nipponisation est l'établissement d'un lien étroit entre la rémunération individuelle et la loyauté du salarié vis-à-vis de l'entreprise, sans que des procédures de recours puissent freiner la coercition sociale qui ne manquera pas de s'établir et qui poussera les salariés à toujours plus de docilité pour se conformer aux attentes de leurs dirigeants.

---

43. On le retrouve aussi aux États-Unis, en particulier dans l'industrie automobile. *Cf.* J.-P. Durand, « Miracle et désespoir dans l'industrie automobile américaine », Évry, *Prospecta*, 1992.

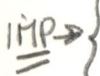

44. On remarquera que dans les *transplants* japonais automobiles aux États-Unis, qui ne possèdent pas de syndicat, les accidents du travail sont très nombreux et que le haut niveau des cadences commence à percer le mur du silence qui les entourait.

▼▼▼

Cette mise en rapport entre personnalité du salarié et rémunération est au cœur de la GPEC.

La GPEC télescope deux démarches. D'une part, la gestion prévisionnelle de l'emploi (GPE) vise à connaître ce que seraient dans trois, cinq ou dix ans les emplois et les métiers d'une branche afin de prévoir les formations adaptées. D'autre part, elle vise à choisir les salariés les plus aptes à occuper les emplois précédemment définis ; c'est la gestion prévisionnelle des compétences. Les directeurs et les gestionnaires ont donc besoin de connaître les compétences acquises (on aurait dit hier les qualifications), les aptitudes et les potentialités de leurs salariés. Pour ce faire, elles introduisent les évaluations individuelles par le responsable direct, les tests (psychologiques) d'aptitudes ou toute autre forme d'expertise des potentiels. En fait, ces évaluations ont deux objectifs :

– trouver le meilleur candidat pour telle ou telle fonction à occuper, c'est-à-dire aussi trouver celui (ou celle) dont la formation sera la moins onéreuse : nous sommes ici au cœur de nouvelles procédures de rationalisation. En même temps, tout en rémunérant la fonction, ce sont les aptitudes et la loyauté de la personne qui l'occupe qui sont récompensées puisqu'on a choisi judicieusement l'occupant de la fonction pour ses compétences. Voici en quoi la GPEC rapproche singulièrement cette rémunération du mode de fixation du salaire japonais ;

– mesurer les aptitudes et les compétences des personnes (pour cette gestion prévisionnelle) sur des pratiques immédiates. En effet, comment pourrait-on évaluer quelqu'un en dehors de ses comportements, de ses savoirs et de ses savoir-faire mis en œuvre quotidiennement ? D'où l'idée d'un suivi aussi rigoureux que possible, par le responsable immédiat, de chaque salarié. Enfin, la mesure, en particulier sociale, du travail ne peut guère se faire qu'à travers l'appréciation du décalage entre ce qui était attendu (les objectifs) et la réalité. D'où la fixation, univoque par la direction ou quasi négociée entre le supérieur et l'intéressé, des objectifs annuels ou semestriels. C'est la généralisation de la DPO (direction par objectif) importée des États-Unis pour le seul encadrement à la fin des années soixante ; mais c'est surtout la rémunération directe des *compétences* et de la *loyauté* de l'individu, telle qu'elle apparaît dans le salaire de base japonais.

Le dévouement à l'entreprise pourra aussi bien relever de savoirs et de qualifications intrinsèques réels que de l'acceptation d'un allongement de la durée du travail ou d'une flexibilité accrue du travail (et en particulier d'une plus grande mobilité familialement destructurante). La GPEC peut être aussi un outil d'exclusion des individus ne répondant pas aux nouvelles normes de compétence et surtout de loyauté. Voici donc un nouvel instrument de rationalisation de l'affectation-tri des salariés avec le rejet des moins performants vers les tâches périphériques ou les entreprises sous-traitantes.

Enfin, la tendance lourde à la généralisation de la gestion des individus selon leurs aptitudes personnelles, dans le cadre d'une véritable concurrence entre salariés se trouve illustrée par la récente publication du décret (*Journal officiel* du 6 octobre 1992) régissant les bilans de compétences. Ceux-ci ne peuvent être effectués qu'à la demande des salariés et le sont par un organisme habilité, extérieur à l'entreprise d'exercice. Par ailleurs, cette dernière ne peut exiger que le salarié, seul propriétaire des résultats du bilan des compétences, les lui communique. Toutes ces garanties inscrites dans l'accord tripartite (État, patronat et syndicats) peuvent paraître suffisantes au premier abord. Mais on peut se demander comment un salarié peut, dans les faits, refuser de communiquer à sa direction les résultats du bilan des compétences, sous peine de faire preuve d'un manque total de loyauté, laquelle est de plus en plus au cœur de l'évaluation et de l'avancement-promotion qui lui sont attachés. Pour les mêmes raisons, on ne voit pas comment un salarié pourrait refuser de se soumettre à un tel bilan. Plus encore, dans la concurrence grandissante entre salariés, fournir les résultats d'un bilan de compétences – ou demander son instauration en interne dans les grandes entreprises – ne représente-t-il pas la meilleure preuve de loyauté ? Voici en quoi la *transparence* de la personnalité des salariés s'érige en principe de gestion. En résumé, il est fort probable que nous assistions à une véritable *déréglementation* du rapport salarial fordien en France auquel se substituerait, comme c'est en cours en Grande-Bretagne, quelquefois aux États-Unis, *un nouveau système productif combinant toyotisme, technologies de l'information et nipponisme.*

Ce nouveau système productif, s'inscrivant dans une économie mondiale déprimée, conduirait à la fracture de la société française. Le Japon a pu y échapper pour deux raisons : le maintien d'une croissance constante liée à son *leadership* sur deux ou trois secteurs mondiaux et le maintien du plein emploi, à travers une faible productivité dans les services et dans les secteurs protégés. La fracture de notre société se caractériserait par l'emploi à vie d'une partie des salariés rémunérés selon leurs compétences et leur loyauté vis-à-vis de leur employeur, et par l'exclusion des autres des emplois les plus sûrs et les mieux rémunérés. On peut penser que la déréglementation des retraites et de la couverture sanitaire qui s'annonce ne ferait que renforcer cette fracture.

Conclusion

Continuité globale et bouleversements locaux

Notre hypothèse est que l'on a peut-être trop vite confondu fin des Trente Glorieuses, crise de l'accumulation du capital, et émergence de nouvelles formes productives. Certes, toute tentative de sortie de crise est productrice de solutions nouvelles à des problèmes anciens, et par là même déplace ou modifie des questions anciennes. Mais cela suffit-il à marquer des ruptures avec l'ordre et l'organisation anciens ? Pour parler de rupture, il faudrait par exemple que le salariat recule au bénéfice d'autres formes de rapports sociaux de travail, ou bien que les modalités de partage du surplus social soient radicalement transformées, ou encore que la division et l'organisation du travail ne soient plus régies par le même ordonnancement quasi militaire.

Or, trop souvent, un simple frémissement est interprété comme la rupture tant annoncée. En fait, la crise de l'accumulation a conduit à une certaine restructuration financière dans les activités économiques en général et à un réajustement du rapport employeurs/salariés qui se solde, au moins provisoirement, par un renforcement des positions du capital par rapport au travail, dans le vaste mouvement de balancier à l'échelle de l'histoire.

À côté des changements analysés – qui ne sauraient être interprétés comme un renouvellement du paradigme productif – on peut repérer aussi de nombreux retours en arrière. Dans la crise actuelle et dans l'accroissement de la concurrence entre offreurs, les standards de qualité sont atteints par la grande majorité des entreprises ; c'est pourquoi, ce qui fait la différence à nouveau dans nombre de secteurs est la productivité du travail pour réduire les coûts et accroître les bénéfices. Même si ce n'est que conjoncturel, on retiendra du début des années quatre-vingt-dix le très fort mouvement de suppression d'emplois, d'une part chez les improductifs, c'est-à-dire dans les services[45] et dans le tertiaire des entreprises industrielles et, d'autre part, parmi les productifs : là où trois personnes exercent, deux doivent suffire à terme.

La décennie quatre-vingt a été celle de l'apprentissage de la qualité à bas coût. N'importe quel analyste critique peut montrer combien il y a encore à gagner en qualité et en réduction de coûts à travers une meilleure manufacturabilité des produits, résultat d'une véritable ingénierie simultanée. Pourtant, tout se passe comme si les offreurs s'entendaient tacitement pour marquer une pause et ne pas faire le grand plongeon trop risqué dans le chamboulement de l'ingénierie simultanée ; c'est dire que le vieux paradigme productif et la production de masse, même flexible, ont la vie dure.

D'autres observateurs, y compris des consultants comme H. Landier[46], s'inquiètent de la domination du court terme et des contrôleurs de gestion dans les entreprises françaises. Lesquels reviennent à un *management autoritaire* et prônent des réductions irréfléchies d'effectifs sans que d'autres solutions soient étudiées. Autrement dit, au-delà des changements technico-organisationnels nés du toyotisme et de la voie française d'adaptation aux contraintes de la crise, les paradigmes hérités de la production de masse continuent à dominer.

Le plus grand bouleversement que nous avons rencontré au cours de nos enquêtes ne s'inscrit pas dans

---

45. Pour la première fois en 1993, les services qui bénéficiaient toujours d'un solde positif en matière de créations d'emplois perdaient à leur tour des emplois au niveau national.

46. H. Landier, *Vers l'entreprise intelligente*, Paris, Calmann-Lévy, 1991.

l'organisation mais plutôt dans le quotidien des ouvriers et en particulier des opérateurs : la parcellisation des tâches, leur monotonie et leur répétitivité dans le fordisme avaient vidé l'esprit des opérateurs dont l'esprit était absent de l'entreprise. Aujourd'hui, et en particulier dans le toyotisme, les opérateurs, même dans leurs tâches les plus simples, sont mobilisés mentalement en permanence ; la qualité totale, les changements fréquents de modèle, les rotations de poste (pour la polyvalence), l'amélioration permanente (*kaizen*), la *total productive maintenance*, etc. occupent en permanence l'esprit. Il n'y a plus de vide, de niche ou de tranquillité possibles. Cette intellectualisation obligée du travail d'exécution est la condition de la qualité et de la productivité accrues. Mais suffit-elle à fonder un nouveau régime productif ?

Donc on reste finalement dans une production de masse même juste.

Bibliographie générale

ANACT, *Réussir une organisation en juste-à-temps,* éditions de l'ANACT, 1991.

AOKI M., *Économie japonaise, information, motivations et marchandage,* Paris, Économica, 1991 (1988).

BERGGREN E., « New Production Concepts in Final Assembly – the Swedish Experience » *in* S. WOOD, *The Transformation of Work ?* Londres, Unwin Hyman, 1989.

BONNAFOS G. de , « La restructuration de l'activité de conception d'un constructeur automobile », *Cahiers du GIP Mutations industrielles,* n° 55, Paris, février 1991.

BOWLES S., GORDON D., WEISSKOPF Th., *Économie du gaspillage,* Paris, La Découverte, 1986.

BOYER R., *La Flexibilité du travail en Europe,* Paris, La Découverte, 1986.

BOYER R., *Théorie de la régulation : une analyse critique,* Paris, La Découverte, 1986.

COHEN É., *L'État brancardier : politique du déclin industriel, 1974-1984,* Paris, Calmann-Lévy, 1989.

COHEN É., *Le Colbertisme « high tech ». Économie des Télécom et du grand projet,* Paris, Hachette, 1992.

COHENDET P., LLERENA P. (dir), *Flexibilité, information et décision,* Paris, Économica, 1990.

Collectif, *L'Économie du futur : l'entreprise communicante et intégrée,* Paris, La Documentation française, juin 1990.

CORIAT B., *L'Atelier et le Robot,* Paris, Bourgois, 1990.

CROZIER M., *L'Entreprise à l'écoute. Apprendre le management post-industriel,* Paris, InterÉditions, 1989.

DADOY M., HENRY C., MILLAU B., TERSSAC G. DE, TROUSSIER J.-F., WEILL-FASSINA A., (dir), *Les Analyses du travail,* Paris, CEREQ-Collection des Études, n° 54, mars 1990.

DALLE F., BOUNINE J., *Pour développer l'emploi,* Paris, Masson, 1987.

DELAUNAY J.-C., GADREY J., *Les Enjeux de la société de service,* Paris, Presses de la FNSP, 1987.

DELORME R. et ANDRÉ A., *L'État et l'économie,* Paris, Seuil, 1983.

DURAND J.-P., DURAND-SEBAG J., LOJKINE J., MAHIEU C., *L'Enjeu informatique : former pour changer l'entreprise,* Paris, Méridiens-Klincksieck, 1986.

DURAND J.-P., LÉVY P., WEISSBERG J.-L., *Guide de l'informatisation. Informatique et société,* Paris, Belin, 1987.

DURAND J.-P., MERRIEN F.-X. (dir), *Sortie de siècle. La France en mutation,* Paris, Vigot, 1991.

DURAND J.-P. (dir), *Vers un nouveau modèle productif ?* Paris, Syros, 1993.

Du Tertre C., *Technologie, flexibilité, emploi. Une approche sectorielle du posttaylorisme*, Paris, L'Harmattan, 1989.

Freyssenet M., Thénard J.-C., « Choix d'automatisation, efficacité productive et contenu du travail », *Cahiers du GIP Mutations industrielles*, Paris, 1988.

Gille B., *Histoire des techniques*, Paris, Gallimard, 1978.

Gorz A., *Métamorphoses du travail. Quête du sens. Critique de la raison économique*, Paris, Galilée, 1988.

Irion F. (dir.), *L'Usine du futur*, Paris, La Documentation française, 1990.

Jacot J.-H. (dir.), *Du fordisme au toyotisme ? Les voies de la modernisation du système automobile en France et au Japon*, Paris, La Documentation française, 1990.

Kern H., Schumann M., *La Fin de la division du travail ?* Paris, éditions de la MSH, 1989 (1984).

Landier H., *Vers l'entreprise intelligente*, Paris, Calmann-Lévy, 1991.

Linhart D., *Le Torticolis de l'autruche. L'éternelle modernisation des entreprises françaises*, Paris, Seuil, 1991.

Lorino P., *L'Économie et le manageur*, Paris, Économica, 1988.

Midler C., « Émergence et développement de la gestion par projet chez Renault de 1970 à 1985 », *Cahier du CRG*, n° 3, juin 1989.

Midler C., « L'apprentissage de la gestion par projet dans l'industrie automobile », *Réalités industrielles. L'industrie automobile*, Annales des Mines, Paris, éd. Eska, octobre 1991.

Moisdon J.-C., Weil B., « L'invention d'une voiture : un exercice de relations sociales ? », *Gérer et comprendre*, septembre 1992 et décembre 1992.

Morishima M., *Capitalisme et confucianisme*, Paris, Flammarion, 1987.

Ohno T., *L'Esprit Toyota*, Paris, Masson, 1989.

Petit P., *La Croissance tertiaire*, Paris, Économica, 1988.

Piore M.-J., Sabel C.-F., *Les Chemins de la prospérité. De la production de masse à la spécialisation souple*, Paris, Hachette, 1989 (1984).

Salais R., Thevenot L., *Le Travail, règles, conventions*, Paris, Économica, 1986.

Shingo S., *Maîtrise de la production et méthode* kanban; *le cas Toyota*, Paris, Éditions d'organisation, 1983.

Stankiewicz F. (dir), *Les Stratégies d'entreprises face aux ressources humaines. L'Après-taylorisme*, Paris, Économica, 1988.

Vatin F., *La Fluidité industrielle*, Paris, Méridiens-Klincksieck, 1987.

Weitzman M. L., *L'Économie de partage*, Paris, Économica, 1986.

Womack J.-P., Jones D. T., Roos D., *Le Système qui va changer le monde*, Paris, Dunod, 1992.

Wood S., *The Transformation of Work ?* Londres, Unwin Hyman, 1989.

Zuboff S., *In the Age of the Smart Machine. The Future of Work and Power*, New York, Basic Books, 1988.

alternatives économiques

LE MENSUEL vous propose une lecture critique de l'actualité économique et sociale. Dans chaque numéro, un dossier de synthèse, des réflexions sur les grandes tendances du monde actuel, un éclairage sur la théorie économique.

LES HORS - SERIE Pour aller plus loin sur des thèmes inportants, ou pour synthétiser les données essentielles :
— L'Afrique en faillite
— La pauvreté en France
— Ethique et économie
— L'Europe sociale
— Les chiffres de l'économie...

Chez votre marchand de journaux ou par abonnement :
Alternatives Economiques, 12 rue du Chaignot 21000 DIJON.

par **seita** Achevé d'imprimer
avec les films fournis,
en août 1994
IMPRIMERIE LIENHART
à Aubenas d'Ardèche

Dépôt légal août 1994
N° d'imprimeur : 7131
N° d'édition : 1001